KB096035

중국성씨의 기원과 三皇五帝 삼황오제

증산도상생문화총서 30

중국 성씨의 기원과 삼황오제

발행일   2018년 1월 12일 초판 1쇄
지은이   김선주
펴낸곳   상생출판
주소   대전광역시 중구 선화서로 29번길 36(선화동)
전화   070-8644-3156
팩스   0303-0799-1735
출판등록 2005년 3월 11일(제175호)

ISBN 979-11-86122-65-5
      978-89-957399-1-4(세트)

중국성씨의 기원과

삼황오제
三皇五帝

김선주 지음

상생출판

들어가면서

❧ 상제님께서 말씀하시기를 "이 때는 원시반본原始返本하
는 시대라. 혈통줄이 바로잡히는 때니 환부역조換父易祖
하는 자와 환골換骨하는 자는 다 죽으리라." 하시고 이
어 말씀하시기를 "나도 단군의 자손이니라." 하시니라.
(『道典』 2:26)

인류는 누구나 자신의 존재 근원이 있어 태어난다. 그런데
우리는 자신의 근본 뿌리역사를 제대로 알지 못한다. 현재까
지 진행되고 있는 중국의 중화주의 사관과 일본의 식민사관에
의한 역사왜곡 등으로 우리는 자신의 역사를 잃어버렸고, 근
본을 상실하였다. 자신의 역사를 잃어버린 민족은 미래로 나
아갈 동력이 없다. 원시반본하는 시대를 맞이하여 이제 우리
는 왜곡된 역사를 그대로 받아들이고 있는 현실을 반성하고,
자신의 뿌리를 회복해야 한다.

모든 생명이 처음 시작하는 근본 원점으로 돌아가는 원시반
본이라는 우주의 천리天理에 따라서 인류문화의 결실은 동북
간방의 조선으로부터 다시 시작된다. 간방은 변화가 끝나고
새로 시작되는 자리이다.

그런데 지금 한민족은 상고시대에 찬란하게 꽃피웠던 역사

를 잃어버렸다. 심지어 중국에 의해 정통의 지위를 상실하고, 역사도 왜곡되어 그 근본 뿌리조차 찾을 수 없는 지경에 이르렀다. 이러한 중국의 한민족 역사의 왜곡은 동북공정을 위시한 중국의 역사 관련 공정들을 통해서 지금도 진행되고 있다. 이로 인하여 우리의 역사 뿐만이 아니라 인류의 뿌리문화마저 그 자취가 상실된 것이다.

중국 정부는 동이족의 조상인 복희, 신농, 치우천황을 자기네 조상으로 모시는 것에 대해 '한족과 55개 소수 민족으로 구성된 다민족 국가인 중국에서 소수민족의 조상들은 모두 중국의 조상이다'라는 억지 논리로 정당화시키고 있다. 하지만 이것은 남의 조상을 자기네 조상으로 삼는 환부역조換父易祖의 죄를 범하는 것에 지나지 않는다.

이 글은 한민족의 뿌리역사를 밝히고자 하는 의도에서 기획된 것이다. 그런데 왜 중국 성씨의 기원을 주제로 하였나? 사람은 세상에 태어나면 누구를 막론하고 성을 갖게 되고, 그 성씨의 근원을 거슬러 올라가면 그 뿌리에 이르게 된다. 중국은 문헌상에서 가장 먼저 성姓이 기록된 나라이다. 그 중심에는 삼황오제가 있다.

그러면 삼황오제는 누구인가? 삼황과 오제가 누구인가를 둘러싸고 견해가 일치되지 않고 있고, 고대에서 지금까지 여러 가지 다른 견해가 있다. 삼황오제로 거론되는 대표적인 인물로는 황제, 복희, 신농, 요·순을 들 수 있다. 이들 삼황오제로 불리우는 대표적인 인물들은 동방 배달국의 위대한 성인들이다.

『춘추좌씨전春秋左氏傳』「소공昭公 17년」에 공자가 담자에게 가서 예를 배운 기록이 보인다.

가을에 담자가 와서 조회하였다. 소공이 그에게 연회를 베풀었다. 소자가 담자에게 물었다.

"소호씨少皥氏가 새로 관명을 삼은 것은 무슨 까닭입니까?"

담자가 대답하였다.

"나의 조상이니 내가 그 원인을 안다.

옛날에 황제씨黃帝氏는 구름으로 일을 기록하였기 때문에 운사雲師를 두어 '구름 운雲'자로 명명하였고,

염제씨炎帝氏는 불로 일을 기록하였기 때문에 화사火師를 두어 '불 화火'자로 명명하였고,

공공씨共工氏는 물로 일을 기록하였기 때문에 수사水師를 두어 '물 수水'자로 명명하였고,

태호씨大皥氏는 용으로 일을 기록하였기 때문에 용사龍師를 두어 '용 용龍'자로 명명하였는데,

우리 고조이신 소호 지摯가 즉위하실 때에는 봉조가 때마침 날아왔기 때문에 새(鳥)로 일을 기록하고 조사鳥師를 두어 '새 조鳥'자로 명명하였습니다.…

전욱으로부터는 먼 옛날의 일을 기술할 수가 없어서 이
에 가까운 옛날의 일부터 기술하였습니다. 백성의 장이
되어 백성의 일로 명명하는 것은 옛날처럼 할 수가 없습
니다."

중니(공자)가 이 말을 듣고는, 담자를 찾아뵙고 그에게 고
대의 관제를 배웠다. 얼마 후에 다른 사람에게 이렇게 말
하였다.

"내가 듣건대, 천자가 고대의 관제를 잃으면 관제官制의
학문이 사이四夷에게 있다고 하니 믿을 만하도다."[1]

　이상에서 알 수 있듯이 공자는 동이족 출신인 담국郯國의 군
주 담자郯子[2]에게서 동이족의 여러 관제官制와 문헌을 공부하였
다. 또한 공자는 장홍萇弘이라는 인물에게 음악을 배우고, 사
양師襄이라는 노나라 악관에게 거문고를 배우고, 노담老聃에게
예禮를 배웠다. 주나라의 대부大夫 장홍을 제외한 두 스승은 동
이족의 근거지인 산동 사람이다.

----

[1] 秋, 郯子來朝, 公與之宴. 昭子問焉, 曰, "少皞氏鳥名官, 何故也?" 郯子曰, "吾祖也,
我知之. 昔者黃帝氏以雲紀, 故爲雲師而雲名; 炎帝氏以火紀, 故爲火師而火名; 共工氏
以水紀, 故爲水師而水名; 大皞氏以龍紀, 故爲龍師而龍名. 我高祖少皞摯之立也, 鳳鳥
適至, 故紀於鳥, 爲鳥師而鳥名,… 自顓頊氏以來, 不能紀遠, 乃紀於近. 爲民師而命以民
事, 則不能故也." 仲尼聞之, 見於郯子而學之. 旣而告人曰, "吾聞之, '天子失官, 官學在
四夷', 猶信."(『춘추좌씨전春秋左氏傳』「소공昭公 17년」)
[2] 담자는 배달국 초대 환웅천황의 신하였던 고시高矢의 방계 자손인 소호 금천의 후
손이다.(『춘추좌전정의』「소공昭公 17년」)

동이족 출신 송나라 미자의 후손인 공자는 동이문화가 담긴 고대의 제도와 예악을 배웠는데, 그 내용은 삼황오제와 관련된 것이다.

　삼황오제로 거론되는 인물들은 동이의 대표적인 인물들로 근원을 따지면 우리 조상과 밀접한 연관을 가진다. 삼황오제의 대표적 인물들의 성씨의 기원을 살펴서 그들의 뿌리역사를 추적해보겠다. 그들 성씨의 근원을 고찰하면 동북아 뿌리역사의 진면목을 이해하는데 도움이 되리라 본다.

차 례

Chapter I

성씨의 기원

사람은 세상에 태어나면 누구를 막론하고 성을 갖게 된다. 그런데 인류가 언제부터 성을 사용하기 시작했는지는 확실하지 않다. 인류는 사회생활을 시작하면서부터 자기 혈통의 뿌리를 알고 이어왔다. 혼인제도가 없었던 모권사회에 있어서 어머니는 알 수 있어도 아버지를 알 수는 없었기 때문에 자연히 모계母系의 혈연을 중심으로 모여 살게 되었다.

경제 활동은 수렵경제에서 목축경제로 변하고, 다시 농업경제로 발전하게 되었다. 따라서 일정한 주거지가 없이 짐승이나 목초를 찾아 옮겨 다니면서 생활하다가 농사를 짓기 위해 일정한 곳에 정착을 하게 되었고, 모든 공동으로 소유하던 재산이 사유화되면서 경제제도에 변화가 생기게 되었다.

또한, 결혼을 하지 않고 동굴 같은 곳에서 함께 모여 살던 것이 차차 일부일처一夫一妻를 중심으로 하는 가정을 이루게 되면서 경제 생산에 힘이 센 남자가 가정의 주도권을 갖게 되었고, 일부일처로 아버지와 자식의 관계가 확실해짐에 따라 비로소 부권사회父權社會가 형성되었다. 따라서 모계의 혈연을 중심으로 모여 살던 집단은 차차 부계의 혈연을 중심으로 집단을 이루어 모여 살게 된 것이다.

원시사회에서는 모권사회이건 부권사회이건 간에 모두 혈연을 중심으로 모여 살았으므로 이러한 사회 집단을 씨족사회라고 부른다. 이 씨족사회는 같은 혈연과 같은 조상을 갖고 있는 사람들의 집단인 만큼 단결과 협동으로 사냥이나 고기잡이, 농사 등의 힘든 일을 함께 할 수 있었고, 적이 침입했을 때 공동으로 방어하는 등 응집력이 강한 집단이었다.

그러나 씨족사회도 점차 세대가 거듭됨에 따라 인구가 증가하게 되어 한 조상의 자손들이라 할지라도 자연히 좀 더 가까운 혈연끼리 모여 살게 되었으므로 한 씨족사회는 많은 씨족집단으로 갈라지게 된다.

사회생활이 점차 발달하고 복잡하게 되어 감에 따라 한 씨족집단이 단독으로 사는 것보다 혈연이 가까운 다른 씨족집단들과 공동으로 사회생활을 하는 것이 경제적으로 유리하고 군사적으로도 강한 힘을 발휘할 수 있었기 때문에 혈연이 같은 각 씨족집단이 서로 모여 한 사회를 만들게 되었는데 이러한 사회를 부족사회라고 부른다.

부족사회는 다른 부족사회와 결합하여 부족국가를 만들게 되었고, 다시 한 부족국가가 다른 부족국가들과 합쳐서 부족국가연맹部族國家聯盟을 만들게 되어 점점 집단의 규모가 커지게 되었다.

사회의 규모가 작았던 씨족사회에서는 같은 조상을 가진 혈연끼리 모여 살았으므로 씨족을 지칭하는 이름이 별도로 필요하지 않았다. 그러나 부족국가연맹처럼 조상이 다른 집단이 모인 사회에서는 각각 자기 씨족을 가리키는 이름이 필요하게 되었다. 이때는 글자가 없었던 때이므로 자기 씨족이 살고 있는 강이나 산 이름으로 씨족의 이름을 삼았다. 이것이 성의 시작이라 할 수 있다.

1. 성姓의 기원

성姓은 어떻게 생겨났는가? 성이란 한 가족을 대표하는 특정 부호이다. 갑골문과 동기명문에서 보면 성의 자형은 '생生'으로, 전국시대에 이르러 '여女'와 '생生'이 결합한 '성姓'이 출현하였다. 이와 같이 성은 여자와 출생이 결합하여 나온 글자이다. 『설문해자』에서도 다음과 같이 말하였다.

"성은 사람이 태어난 바이다. 옛날 신령스러운 어머니는 모두 하늘에 감응하여 자식을 낳았다. 고로 하늘의 아들이라고 불렀다. 여女자와 생生자에서 나왔다."[1]

성은 씨족 관계를 표시하기 위한 사회 제도적인 인습으로서 옛날부터 발생되어 온 것이다. 성씨는 생활의 근거지를 중심으로 오랜 시간과의 싸움에서 살아난 사람의 발자국들이 모여 한 핏줄의 특성과 동질성을 이룬 창조적 생명의 대명사이다.[2]

성씨는 일정한 인물을 시조로 하여 대대로 이어져 내려오는 단계 혈연집단의 한 명칭이며, 곧 씨족적 관념의 표현이라 볼

---

1) 姓, 人所生也. 古之神聖母, 感天而生子, 故稱天子, 從女從生.(許愼, 『說文解字』)
2) 김학천, 『성의 기원』(청문각, 2000), 1쪽.

수 있는 데서 결국 족의 문제와 직접 연결된다.[3]

인류 사회는 혈연에서 출발하고 그것을 중심으로 발전해왔기 때문에 원시 시대부터 씨족에 대한 의식이 매우 뚜렷했을 것이다. 그리고 그 씨족은 다른 씨족과 차별되는 각자의 명칭이 있었을 것이며 그 명칭은 문자를 사용한 뒤에 성으로 표현되었다.

(1) 중국 성씨의 기원

각 나라의 성씨 제도가 언제부터 시행되었는가라는 물음에 대해 여러 가지 설이 있지만, 지금까지의 문헌가록에 의하면 중국에서 제일 먼저 실시되었다. 중국에서는 약 5000년 전부터 성씨를 사용한 것으로 보인다.

중국 성姓의 기원은 지금으로부터 오륙 천년의 태고시대이다. 당시는 모계 씨족 사회에 해당된다. 모계 씨족 사회는 혈통을 구분하기 위해 각각 특유의 표시와 호칭을 만들었으며, 이 표시와 호칭이 바로 최초의 성姓이다. 『설문해자』에서 설명하였듯이 성은 녀女와 생生으로 이루어진 글자로, 중국의 가장 오래된 성으로는 사姒, 희姬, 요姚, 영嬴, 강姜 등이 있다. 모두 '녀女'변을 갖고 있으며, 성이 모계 씨족사회의 산물임을 말해주고 있다.[4]

---

3) 서해숙, 『한국 성씨의 기원과 신화』(민속원, 2005), 98쪽.
4) 이영미, 「중국 성씨 취득형태와 특징 연구」(이영미, 석사학위논문, 2004), 9쪽.

처음에는 그들이 거주하는 지명이나 산, 혹은 강 이름을 성으로 삼았다. 염제 신농씨炎帝 神農氏는 어머니가 강수姜水에서 살았으므로 강姜이라는 성을 붙여 불렀으며, 황제 헌원씨黃帝 軒轅氏는 어머니가 희수姬水에서 살았다 하여 성을 희姬라고 했으며, 순舜임금의 어머니는 요허姚虛에서 살았기 때문에 요姚라는 성을 붙여 불렀던 것이 그 좋은 예이기도 하다.

중국의 성은 토템과 밀접한 관련이 있다. 하은주의 성인 사姒, 자子, 희姬도 토템에 기원을 두고 있다. 『세본』에 사姒성의 유래에 대한 기록이 보인다. "우의 모친 수기修己는 율무라는 식물을 삼키고 임신하여 우를 낳았다." 하나라 우족의 토템은 율무이고, 사姒성의 유래이다. 자子는 은나라 왕실의 성이다. 『사기』「은본기」에 시조 설契에 대한 기록이 보인다. 설의 모친은 간적이라고 하는데, 강에서 목욕을 하다 제비의 알을 집어 삼키고, 임신하여 설을 낳았다고 한다. 이것이 자성의 유래이다. 희姬는 주나라의 성으로, 『사기』「주본기」에 다음과 같이 말하였다.

주周의 시조 후직后稷은 이름이 기棄이다. 그 어머니는 유태씨有邰氏의 딸로 강원姜原이라 불렀다. 강원은 제곡帝嚳의 정비正妃였다. 강원이 들에 나가서 거인의 발자국을 보았는데, 마음이 기뻐지면서 그것을 밟고 싶어져 밟으니 아기를 가진 듯 배 안이 꿈틀거렸다. 때가 되어 아들을 낳았는데 불길하게 생각해 비좁은 골목에 버렸으나 말이 나 소가 지나가면서 모두 피하고 밟지 않았다. 아이를 숲속에 옮겨놓았더니 마침 산속에 사람들이 많이 모여들어 다시 옮겼다. 도랑 얼음 위에 버렸으나 날짐승들이 날개로 아이를 덮고 깃을 깔아주었다. 강원은 신기하게 여겨 마침내 거두어 길렀다. 처음에 아이를 버리려 했기 때문에 이름을 '기'라 했다.[5]

춘추시대 이후 종법제도에서는 대종이 곧 성족姓族의 대표이므로 시간이 흘러도 특권이 사라지지 않았지만 후손들은 계속 분해되면서 가격家格이 저하되어 특권과 거리가 먼 사士나 서인庶人이 되어 버렸다. 또 시간이 갈수록 친속 수가 증가하고 파가 나뉘면서 같은 조상에서 나왔다는 인식을 기초로 유대를 가지려 했지만, 정확한 공동의 선조를 찾을 수 없을 뿐 아니라 정확한 계보관계도 확인하기 어렵게 되었다. 그리고 주 왕실에 대한 제후국의 독자성이 커지면서 효용성도 줄어들었다. 이에 새로운 정치집단들은 씨氏를 사용하게 되었으며, 씨는 정치적 변화에 누증되었고, 혈연을 대표하는 성은 오히려 고정되는 추세였다. 이러한 추세를 가속화한 것은 서주의 멸망과

---

5) 氏周后稷, 名棄. 其母有邰氏女, 曰姜原. 姜原爲帝嚳元妃. 姜原出野, 見巨人跡, 心忻然說, 欲踐之, 踐之而身動如孕者. 居期而生子, 以爲不祥, 棄之隘巷, 馬牛過者皆辟不踐;徙置之林中, 適會山林多人, 遷之;而棄渠中冰上, 飛鳥以其翼覆薦之. 姜原以爲神, 遂收養長之. 初欲棄之, 因名曰棄.(『사기』「주본기」)

그 이후에 나타난 전쟁과 권력투쟁으로 봉건제도뿐 아니라 종법제도를 비롯한 서주체계 전반이 무너지기 시작했다. 그 결과 춘추시대에는 동성을 아내로 맞는 것을 꺼리지 않는 사례도 적지 않게 나타났고, 전국시대 이후에는 사姒·자子·희姬·괴媿 등과 같은 삼대의 성조차 자취를 감추게 되었다.

　그럼에도 불구하고 평민들은 성·씨가 없었다. 예를 들어 춘추시대에는 성씨가 없는 평민이 정치무대에 나섰는데 성씨가 없어 그 지역이나 국가를 이름과 함께 사용함으로써 표지로 삼았다. 결국 성씨의 보편화는 무엇보다 춘추전국시대 치열한 권력투쟁이나 전쟁과정에서 능력주의가 보편화하면서 나타난 현상이라고 할 수 있다. 즉 앞에서 언급한 토지와 인민을 소유하거나 분봉을 받은 사례 이외에 새로 관직을 얻거나 공을 세운 사람들도 씨를 받게 되었는데, 이리하여 춘추전국시대 문헌에 보이는 씨는 600여개나 되어 가난한 서민을 제외하고 유력자 및 일부 신흥지주나 상공업자들은 모두 씨가 있었고 서로 씨를 불렀다. 이처럼 씨가 과거 성의 역할을 담당하게 되었다.

　춘추전국시대를 거치면서 봉건제에서 군현제로 바뀌고, 이젠 종족집단보다 호적을 통해 국가가 장악하게 되었으며 그 결과 인민이 성을 갖는 것이 보편화 되었다. 그렇다고 모든 사람이 성을 가졌다는 것은 아니다. 호적 형성 초기에는 사회 경제적 지위가 낮은 사람은 이름만 있고 성이 없는 옛 관행을 그대로 답습했다고 볼 수 있다. 한대 이후 성이 보편화하면서 이제 백성百姓은 귀족을 의미하는 것이 아니라 황제 아래 모두 평등한 신분인 서민을 뜻하게 되었다. 그러나 한대의 경제적 번영과 발전의 기초 위에서 일부 지주, 상인, 관료의 재부가 증가하면서 호족豪族이라 불리는 부류가 형성되었다. 이들은 세습귀족의 후예가 아니라 실력에 의해 성장한 신흥 세가대족으로서 사회적 지위와 성망이 높고 세력도 강했으므로 문벌門閥, 사족士族이라 불렀다. 이들이 성장할 수 있었던 것은 당시의 관리 선발제도와 밀접한 관련이 있었기 때문에 문벌귀족으로 성장 할 수 있었다. 남북조와 당초의 대가족이 주로 북방 제일의 문벌귀족이었음에 비해 당 중기 이후에는 일반 지주들도 대가정을 조성하는 현상이 상당수 나타났다. 이러한 변화는 새로운 종족 발달의 전조라고 말할 수 있다.

송대 이후의 종족 발달은 당송 변혁기의 산물이다. 당송 변혁기의 변화 가운데 대표적인 것으로 다음의 세 가지를 들 수 있다. 첫째, 문벌귀족이 사라지고 과거시험으로 실력위주의 자유경쟁체재가 확립되었다. 둘째, 문벌귀족의 경제적 정치적 기반이었던 장원제도가 붕괴되고 중소지주층이 증가하고 개별 단위로 하는 농업경영과 상업이 발달했다. 셋째, 인쇄술의 발달로 지식의 독점이 사라졌다. 이러한 변화는 한편으로는 이상적인 정책이지만, 아직 정책이 확립이 안되어 긍정적인 측면 보다는 독서인층이 급증하여 과거응시자가 증가하고 경쟁이 치열하여 특권세습이 사라지고 분할상속으로 인하여 부의 안정적 유지가 어려워져 사회경제적 불안정성이 고조되는 부정적인 면이 많이 나타났다.

명말 이후 사회적 갈등이 심해지고 생존이 곤란해짐에 따라 현실적 힘의 확보를 위해 종족의 결합이 중요해지면서 필요성도 증가하였다. 종족은 가난하고 약한 종족의 구성원 뿐 아니라 신사나 지주들에게도 이익이 되었으므로 다양한 사람들이 종족활동에 참여했다. 그리고 종족은 경제활동을 지배하고 이익을 독점하기도 했으며, 지역사회에 대한 다양한 구휼활동과 공공사업 참여, 종교활동 등을 통해 종족의 위세를 높이고 지역 지배의 도덕적 정당성을 확보했으며 공약公約을 만들어 합법적으로 지배를 실현하고자 했다. 또 종족은 국가를 위해 세금 납부를 독려하거나 대납하기도 하고, 지역사회를 안정시키는 역할을 했다.

2. 중국 성씨의 기능과 통합

(1) 성姓과 씨氏의 기능

중국에서 말하는 성姓과 씨氏는 옛날에는 서로 다른 개념이었다. 송대 사학자 정초鄭樵는 『통지通志』「씨족략氏族略」에서 다음과 같이 말하고 있다.

> 하상주 삼대 이전에 성씨는 둘로 구분되었다. 남자는 씨氏를 일컬었고, 여자들은 성姓을 일컬었다. 씨는 귀천을 구분하는 것으로, 귀한 자는 씨가 있으나 비천한 자는 무명씨이다. 그러므로 성은 씨로 불릴 수 있으나, 씨는 성으로 불려질 수 없다. 성은 혼인을 구분해주는 기능을 하는 바로, 같은 성, 다른 성, 일반 백성의 성 구분이 있었다. 씨는 같고 성이 다른 사람들끼리 결혼은 가능하다. 성이 같고 씨가 다르면 결혼은 불가능하다. 삼대이후 성씨는 하나로 통합되었다.[6]

『통지』「씨족략」을 통해서 보면 하상주 삼대 이전에는 당시

---

6) 三代之前, 姓氏分而爲二, 男子稱氏, 婦人稱姓. 氏所以別貴賤, 貴者有氏, 賤者有無名氏, 故姓可呼爲氏, 氏不可呼爲姓. 姓所以別婚姻, 故有同姓, 異姓, 庶姓之別. 氏同姓不同者, 婚姻可通, 姓同氏不同者, 婚姻不可通. 三代之后, 姓氏合而爲一.(『통지通志』「씨족략서氏族略序」)

여자를 성姓으로 불렀고, 남자는 씨氏로 불렀다. 여자를 성으로 부른 중요한 이유는 근친혼의 방지를 위해서였고, 남자를 씨氏로 부른 이유는 그의 사회적 지위를 의미하는데 있었다.

성과 씨의 구분은 선진시대에만 국한되었고, 전국 시대 이후로는 성을 그냥 씨로 삼고 성과 씨는 하나로 통합되었다.

(2) 성姓과 씨氏의 통합

성과 씨는 서로 다른 기원과 기능으로, 성은 모계 씨족 사회의 토템에 근원을 두고, 씨는 분봉제도에 근원을 두고 있다. 성은 혈연을 나타내고, 씨는 권력을 나타냈다. 선진시대先秦時代에는 귀족만이 성과 씨를 가질 수 있었고, 평민은 성은 가질 수 있었으나, 씨는 가질 수 없었다. 전국시대에 씨는 남용되었고, 진나라가 6국을 멸하고 천하통일을 이루자 분봉제도를 폐지하였고, 성과 씨는 하나로 통합되었다. 성과 씨의 통합으로 선진시대 사람들의 성과 씨에 대한 구분이 어려워졌다.

씨氏는 제후諸侯에게서 생겼다. 천자가 제후의 출생한 지명을 따라서 성을 주고 수봉受封된 지명을 따라서 씨를 명하였다. 천자는 덕德이 있는 이를 제후로 삼은 뒤에 그 제후의 연고지 지명을 따라 성을 주고 수봉된 지명을 따라 씨를 명하였다. 천자는 성과 씨를 줄 수 있고 제후는 씨는 줄 수 있으나 성은 줄 수 없으므로, 성은 천자가 아니면 주지 못하고 씨는 제후가 아니면 명하지 못하였다.

(3) 성姓의 기능

초기에는 '성'을 위주로 사용했고, '씨'는 나중에 사용한 것으로 보인다. 즉, 성씨는 처음 사용될 때 엄격히 구분되는 용어로 '성'은 계집녀 변에서 알 수 있듯이 주로 어머니 계통을 이어받는 말이고, '씨'는 아버지 계통을 의미하는 말이었다. 그리고 성은 주로 혈통을 나타내는 말이고, 씨는 출신 지역을 뜻하는 것으로 사용되기도 했다. 이렇듯 성씨 사용 초기에는 모계사회 전통의 특성 때문에 모계혈통의 흔적이 남아 있다.

이후 모계사회에서 부계사회로 전환되면서 성姓과 씨氏가 통합된 형태로 되었다. 즉, 성이나 씨가 동일하게 사용된 것이다. 그리고 출신 지역은 본관(한국의 경우)의 형태로 분화하게 된다. 그래서 지금은 성씨는 혈통을 나타내는 말이고, 본관은 조상, 또는 본인의 출신 지역을 나타내는 말이 되었다. 또한 성씨제도가 통치제도와 결합하면서 황제가 하사한 것은 성姓으로 표기하고, 왕이나 제후가 하사한 것은 씨氏로 표기하기도 했다.

처음에 모계사회를 기초로 종족이 분화되었지만 차츰 부계사회로 변했으며 부계사회가 모계사회를 대체한 다음 자손이 더욱 번성해지면서 한 사람의 자식일지라도 여러 성으로 분화하게 되었다. 황제黃帝의 아들이 25명이었는데 성을 얻은 자식 14명이 12개 성姓을 썼고 황제와 동성은 2명뿐이었다.

그러나 이 또한 성씨가 하나의 말로 결합되면서 구분되지 않게 되었다. 성씨를 사용하는 인구도 사회 현실과 접목되어 수많은 변화를 거쳤다. 처음에는 씨족(모계사회에서는 모계혈통)을 구분하는 것으로 쓰이다가, 이후에는 신분을 나타내는 것으로 쓰이기도 했고, 나중에는 가문이나 개인을 나타내는 수단이 되었다. 그래서 초기에는 최상층 귀족(황제, 또는 왕과 제후, 족장)에게만 쓰였다가 점차 귀족으로 확대되었고, 일반 백성에게까지 확대되었다. 그 후 신분제 사회의 철폐에 따라 천민 출신도 성씨를 갖게 되었으며, 지금은 모든 사람이 성씨가 있다.

(4) 씨氏의 기능

같은 조상의 자손이 번성하면서 몇 개의 분파로 나뉘어진다. 그 자손들은 원래의 성을 갖고 있는 것 외에, 새로운 호칭을 만들어 삼았다. 이 표시가 바로 씨氏이다. 따라서 씨는 성의 분파이다. 『통감通鑑』「외기外記」에서 말하기를, "성은 조상의 계통을 이어가는 것이고, 씨는 자손의 성분을 구별하는 것이다."[7] 이렇게 성은 씨의 근원이고, 씨는 성의 분파이다. 성은 혈통을 구분해주지만, 씨는 자손을 구분해준다.

씨氏는 통치자에 의한 분봉제도에 기원을 두고 있다. 지금까지 중국 사람들이 사용하는 성씨 중 99%는 성의 파생에서 나온 씨氏로 이루어졌다.[8]

----

7) 姓者統其祖考之所自出, 氏者別其子孫之所自分.(『통감通鑑』「외기外記」)
8) 이영미, 「중국 성씨 취득형태와 특징 연구」(이영미, 석사학위논문), 11-12쪽.

현대의 성姓은 사실 고대의 씨氏에 해당한다. 씨라는 것은 저氏, 저底와 근원이 같다. 바닥이라는 뜻에서 '관적貫籍'이라는 의미가 파생되었다. 그리고 '관적'에서 성의 갈래가 파생되었다. 씨는 주로 국명이나 지명에서 따왔다. 많은 한족들은 성을 가지고 이천여년 전에 조상이 살던 거주지를 찾을 수 있다.

중국 성씨의 기원과

삼황오제 三皇五帝

1. 삼황오제란

동아시아의 사상에도 까마득한 먼 옛날을 가장 이상적인 시대로 규정하고, 그 시대로 회귀하려는 '원시반본'의 특성이 있다. 자연과 문명이 충돌과 대립을 빚기 이전, 모든 사람이 '천인합일天人合一'을 이루어 따로의 독자성을 만끽하면서도 다른 생명과 하나로의 조화를 이루던 고대의 동아시아 문명을 인류의 황금시대로 본다. 동아시아의 '삼황오제의 시대'가 바로 그것이다.

당唐의 육덕명陸德明은 『석문釋文』에서 『노자老子』에 나오는 '태상太上'에 주석을 달면서 "태상이란 삼황오제의 세상을 말한다."[1]라고 하여, 노자가 말하는 고대에서 이상정치가 구현되었던 시대를 '삼황오제의 세상'으로 해석한다.

삼황오제의 명칭은 『주례周禮』「춘관春官」외사外史에 "(외사가) 삼황오제의 책을 관장하였다."[2]에 처음으로 보인다. 여기서 삼황오제의 책이란 『삼분三墳』과 『오전五典』을 말한다.[3]

『장자莊子』「천운天運」에는 "그래서 저 삼황오제의 예의와 법도는 같음을 숭상하는 것이 아니라 다스림을 숭상하는 것이

---

1) 太上, 謂三皇五帝之世.(『석문釋文』)
2) 掌三皇五帝之書.(『주례周禮』「춘관春官」)
3) 정현鄭玄은 삼황오제의 책을 "초나라 영왕이 말하는 『삼분』과 『오전』이다."라고 주석을 달았다. 楚靈王所謂三墳五典.

다."[4]라고 하여 삼황오제의 예의와 법도에 대해 서술하고 있다. 『여씨춘추呂氏春秋』「금색禁塞」에는 "위로는 삼황오제의 업적을 일컬어 자신들의 뜻을 기쁘게 한다."[5]라고 하여, '삼황오제의 업적'이란 표현을 사용하고 있다. 또한 『여씨춘추呂氏春秋』「용중用衆」에는 "이것이 삼황오제가 큰 공적과 명성을 세운 까닭이다."[6]라고 하여, 삼황오제가 큰 공적과 명성을 세우게 된 이유는 천하 사람들을 하나로 모을 수 있었던 그 역량에서 찾고 있다.

사마천이 『사기史記』를 쓸 때, 옛 역사의 발단을 「오제본기五帝本紀」로 정하고 삼황은 언급하지 않았다. 그는 까마득한 전설에 가치를 두어 진실성이 결여되게 하는 것 보다는 기록이 정확한 역사의 원칙을 견지하여 비난의 여지가 없도록 했다. 그러나 오제의 앞에 삼황의 시대가 존재하는 것 또한 확연히 부정하기는 어렵다. 당대唐代의 사학가 사마정司馬貞은 『사기색은史記索隱』을 지어 『삼황본기三皇本紀』를 보충 집필하고 당시의 뿌리 찾기 사상을 반영했다.

그런데 문제는 삼황과 오제가 과연 누구인가를 둘러싸고 고대에서 지금까지 여러 가지 다른 견해가 있다는 사실이다.

문헌에 기록된 삼황오제의 개념부터 일치하지 않고, 삼황오

---

4) 故夫三皇五帝之禮義法度, 不矜於同, 而矜於治.(『장자莊子』「천운天運」)

5) 上稱三皇五帝之業, 以愉其意.(『여씨춘추呂氏春秋』「금색禁塞」)

6) 此三皇五帝之所以大立功名也.(『여씨춘추呂氏春秋』「용중用衆」)

제가 지칭하는 인물도 제각각이다. 삼황오제의 의미에는 역사적 사실과 함께 철학적, 종교적 의미도 내포되어 있다. 전국시대 말에 전설적인 제왕을 3명 또는 5명으로 정리하는 생각이 있었으며, 천황·지황·인황(태황이라고도 한다)의 삼황설이 나타난다. 이는 천·지·인의 삼재로서 생각한 인위적이고 추상적인 것이다. 한대 말이 되면 수인, 복희, 신농, 여와 등에서 3명을 뽑아서 삼황으로 하였다는 설이 있다. 『백호통白虎通』이라는 서적에는 수인·복희·신농으로 하고, 『춘추원명포』에서는 복희·여와·신농으로 한다.

이에 반해 한대 전반에는 이미 오제五帝에 대한 생각이 나타나, 덕에 중점이 놓여졌다. 삼황을 오제보다 오래된 시대로 보고, 오제 앞에 두고 역사를 구성하게 된 것은 삼국시대(3세기) 이후의 일이다. 그러나 역사적인 이야기로서 정리된 것은 오제가 빠르다. 한대 전반에 정리되어서 3대 앞에 두고 역사에 흡수된 것에 반해서, 삼황은 거기에서 남은 전설이 별로 인위를 가하지 않고 정리된 것이다. 오제에는 오행설이 영향을 미쳤다.

그런데 『환단고기』에 의하면, 삼황오제가 성립된 배경을 삼신오제를 통해서 찾아볼 수 있다. 『환단고기』「태백일사」삼신오제본기에는 천일天一과 지일一과 태일太一을 삼신으로, 흑제黑帝와 적제赤帝와 청제靑帝와 백제百濟와 황제黃帝를 오제로 보고 있다.

곰곰이 생각해 보건대,

삼신三神은 천일天一과 지일地一과 태일太一이시다.

천일天一은 (만물을낳는) 조화造化를 주관하시고,

지일地一은 (만물을기르는) 교화敎化를 주관하시고,

태일太一은 (세계를다스리는) 치화治化를 주관하신다.

곰곰이 생각해 보건대,

오제五帝는 흑제黑帝와 적제赤帝와

청제青帝와 백제百濟와 황제黃帝이시다.

흑제黑帝는 (겨울의) 숙살肅殺을 주관하시고,

적제赤帝는 (여름의) 광열光熱을 주관하시고,

청제青帝는 (봄의) 생양生養을 주관하시고,

백제百濟는 (가을의) 성숙成熟을 주관하시고,

황제黃帝는 (하추교역기에) 조화調和를 주관하신다.[7]

(1) 삼황은 누구인가

삼황 전설은 줄곧 견해가 분분했다. 반고班固가 편찬한 『백호통의白虎通義』에서 말하길, "삼황은 누구를 말하는가, 복희와 신농과 수인이다."[8]라고 했다. 사마정의 『삼황본기』에서는 삼

---

7) 稽夫 三神 曰天一 曰地一 曰太一

天一主造化 地一主敎化 太一主治化

稽夫 五帝 曰黑帝 曰赤帝 曰青帝 曰白帝 曰黃帝

黑帝主肅殺 赤帝主光熱 青帝主生養 白帝主成熟 黃帝主和調

8) 三皇, 何謂也. 謂伏羲, 神農, 燧人也.(『백호통의白虎通義』)

황은 곧 복희, 여와女媧, 신농이라 말하고 있다. 두 서적의 공통점은 모두 복희, 신농을 삼황의 우두머리로 놓고 있다는 것이다.

① 복희, 신농, 황제

공안국孔安國은 『상서서尙書序』에서 "복희, 신농, 황제의 책을 『삼분三墳』이라 한다."[9]라고 하여, '삼황'을 복희伏羲, 신농神農, 황제黃帝로 규정하였다. 성현영成玄英은 『장자소莊子疏』에서 『장자莊子』「천운天運」의 삼황에 대한 주석을 달면서 삼황을 복희伏羲, 신농神農, 황제黃帝로 정의하였다. 서진의 황보밀도 『제왕세기』에서 삼황을 복희伏羲, 신농神農, 황제黃帝로 설정하였다.

② 복희, 신농, 여와

고유高誘는 『여씨춘추呂氏春秋』「용중用衆」의 삼황에 대한 주석에서 삼황을 복희伏羲, 신농神農, 여와女媧로 정의하였다.

③ 복희, 신농, 수인

반고班固는 『백호통의白通義』에서 "삼황이란 무엇을 말하는 것인가? 복희, 신농, 수인을 이르는 것이다."라고 하여, 삼황을 복희, 신농, 수인으로 정의하였다.

---

9) 伏羲, 神農, 黃帝之書謂之三墳.(『상서서尙書序』)

④ 복희, 신농, 축융

반고班固는 『백호통의白虎通義』에서 『예禮』를 인용하여 삼황을 복희, 신농, 축융으로 정의한 학설을 소개하고 있다.

⑤ 천황, 지황, 태황

사마천의 『사기史記』 「진시황본기秦始皇本紀」에 "옛날에 천황이 있고, 지황이 있었으며, 태황이 있었다. 태황이 가장 존귀하다."[10]라고 하여, 삼황을 천황天皇, 지황地皇, 태황泰皇으로 정의하였다.

⑥ 천황, 지황, 인황

진晉의 갈홍葛洪은 『침중서枕中書』에서 삼황을 천황, 지황, 인황으로 정의하였다. 도교에서는 일반적으로 삼황을 천황, 지황, 인황으로 수용하는 측면이 강하다. 『천황지도태청옥책天皇至道太淸玉冊』 권1에는 '삼황'을 '상삼황上三皇'과 '중삼황中三皇'과 '하삼황下三皇'으로 나누었다. '상삼황'은 천황인 '옥청성경원시천존반고씨玉淸聖境元始天尊盤古氏', 지황인 '상청진경영보천존지황上淸眞境靈寶天尊地皇', 인황인 '태청선경도덕천존인황太淸仙境道德天尊人皇'을 말한다. '중삼황'은 천황인 '천보군天寶君', 지황인 '영보군靈寶君', 인황인 '신보군神寶君'이다. '하삼황'은 천황인 '목덕왕木德王' '태호大昊 복희씨伏羲氏', 지황인 '화덕왕火德王'

---

10) 古有天皇, 有地皇, 有泰皇. 泰皇最貴.(『사기史記』 「진시황본기秦始皇本紀」)

'신농神農 염제씨炎帝氏', 인황인 '토덕왕土德王' '황제黃帝 헌원씨軒轅氏'를 말한다. 여기서 우리는 『천황지도태청옥책』이 삼황을 도교의 삼청사상과 연결시켜 보고 있음을 분명하게 확인할 수 있다. 증선지曾先之의 『십팔사략十八史略』에서는 태고의 삼황으로 천황씨天皇氏, 지황씨地皇氏, 인황씨人皇氏를 삼황으로 태호복희씨太昊伏羲氏, 염제신농씨炎帝神農氏, 황제헌원씨黃帝軒轅氏를 말하였다.[11]

이렇게 삼황에 대한 정의와 거론된 인물은 일정하지 않다. 고제古帝 가운데 삼황으로 거론된 인물을 보면, 복희와 신농은 공통적으로 들어가고, 다른 한 인물로 여와, 수인, 축융, 황제들이 거론되었다.

(2) 오제란 누구인가

① 황제, 전욱, 제곡, 제요, 제순

반고班固는 『백호통의白虎通義』에서 "오제란 무엇을 이르는 것인가? 『예』에서 말했다. '황제, 전욱, 제곡, 제요, 제순이다.' "[12] 라고 하여, 『예』를 논거로 삼아 '오제'를 황제, 전욱, 제곡, 제요, 제순으로 정의한 학설을 소개하고 있다. 『대대례기大戴禮

---

11) 태고太古

〔天皇氏〕以木德王, 歲起攝提, 無爲而化, 兄弟十二人, 各一萬八千歲.

〔地皇氏〕以火德王, 兄弟十二人, 各一萬八千歲.

〔人皇氏〕兄弟九人, 分長九州, 凡一百五十世, 合四萬五千六百年.(曾先之, 『십팔사략十八史略』

12) 五帝, 何謂也. 禮曰: 黃帝, 顓頊, 帝嚳, 帝堯, 帝舜.(『백호통의白虎通義』)

記』「오제덕五帝德」과『사기史記』「오제본기五帝本紀」」등도 이와 같은 학설을 제시하였다.

② 태호, 염제, 황제, 소호, 전욱
『예기禮記』「월령月令」에는 '오제'를 태호(복희), 염제(신농), 황제, 소호, 전욱으로 보았다.

③ 소호, 전욱, 고신, 당요, 우순
공안국孔安國은『상서서尙書序』에서 "소호, 전욱, 고신, 당요, 우순의 책을『오전』이라 하는데, 늘 그런 도를 말하는 것이다."[13]라고 하여, '오제'를 소호, 전욱, 고신, 당요, 우순으로 정의하였다.

④ 복희, 신농, 황제, 요, 순
『주역周易』「계사하繫辭下」에서는 '오제'를 복희, 신농, 황제, 요, 순으로 보았다.

사마천이 오제로 든 것은 황제 헌원, 전욱 고양, 제곡 고신, 제요 방훈, 제순 중화 등이나, 경우에 따라 복희, 신농 또는 소호少昊 등을 드는 경우도 있어 일정하지 않다.

이상에서 본 바와 같이 오제에 관해서는 문헌마다 그 내용

---

13) 少昊, 顓頊, 高辛, 唐, 虞之書謂之五典, 言常道也.(『상서서尙書序』)

이 조금씩 다르지만, 황제와 요, 순이 대표적으로 거론되고, 소호, 전욱, 고신이 포함되기도 한다.[14]

특히 황제는 오제는 물론이고 삼황에도 거론되는데, 이는 황제를 자신들의 시조로 받드는 중국인의 의식과 무관하지 않다.

이렇게 삼황과 오제가 누구인가를 둘러싸고 견해가 일치되지 않고 있고, 고대에서 지금까지 여러 가지 다른 견해가 있다.

삼황오제로 거론되는 대표적인 인물로는 복희, 신농, 황제, 요와 순을 들 수 있다. 그런데 그들은 대부분 동이족과 밀접한 관련을 가진다.

『중국역대제왕록中國歷代帝王錄』에는 태호복희씨는 고대 동이족임을 명시하고 있다.

『태백일사』는 태호복희에 대해 다음과 같이 기록하고 있다.

"환웅천황으로부터 5세를 전하여 태우의太虞儀 환웅이 계셨다. …… 태우의환웅의 아들은 열둘이었는데 맏이는 다의발多儀發환웅이시오, 막내는 태호太皡이시니 복희伏羲라고도 불렸다."[15]

---

14) 소호少昊금천씨金天氏는 동이족의 조상이고, 그 후손이 건국한 거국莒國은 춘추시대의 대 표적인 동이국가이다. 전욱고양顓頊高陽은 소호금천이 쇠하자 소호금천을 대신해 임금이 되었다. 전욱고양이 죽자 소호의 손자인 제곡고신帝嚳高辛이 임금이 되었다.

15) 自桓雄天皇, 五傳而有太虞儀桓雄…… 長曰多儀發桓雄, 季曰太皥, 復號伏羲.(『태백일사太白逸史』, 제3,「신시본기神市本紀」)

태호복희씨는 배달국 5세 태우의 환웅의 아들로서 태극팔괘를 그려 인류문명의 시조가 되었다.

의약과 농경의 창시자인 신농神農에 대해서 보면, "신농은 소전少典의 아들이시고, 소전은 소호少皥와 함께 모두 고시씨高矢氏의 방계 자손이시다."[16]라고 전한다.

이렇게 삼황오제의 대표적 인물인 복희와 신농은 또한 배달국의 문명을 발전시킨 인물로 치우와 더불어 배달국의 위대한 영웅으로 숭상받고 있다.

동이족은 산동성 남부를 기점으로 산동성 북부와 하북河北, 만주지역까지 이르고, 서쪽으로는 하남河南성 동부, 남쪽으로는 안휘安徽성 중부에 이르며, 동으로는 한반도와 일본에 이르는 광범위한 지역에 거주했다.

서량지徐亮之도 『중국사전사화』에서 동이족의 중심지가 산동성이라고 하였다.[17] 이와 같이 동이족은 산동성을 중심으로 하여 요령성, 하북성, 산서성, 섬서성, 강소성, 안휘성, 절강성, 호북성 등에 이르기까지 광대한 대륙의 핵심적인 지역을 거의 차지하고 있었다. 결국 중원 대륙의 대부분을 여러 갈래의 동이족들이 점령하고 있었고, 다만 중국인들이 시대에 따라 이들을 다르게 호칭했을 뿐이다.

---

16) 神農少典之子, 少典與少皥, 皆高矢氏之傍支也.(『태백일사太白逸史』, 제3,「신시본기神市本紀」)

17) 徐亮之, 『中國史前史話』(臺北:華正書局, 1979), 四灰陶文化與東夷, 참조.

이렇게 동이족은 대륙의 주요 지역에서 활동하였고, 복희로부터 신농, 치우에 이르기까지 동이족에서 천하를 호령하였던 위대한 지도자를 배출하였다.

삼황오제는 중국의 시조로 추앙받는 존재로, 또한 동이 문명을 이끈 인물로 인정받는 존재이기도 하다. 따라서 삼황오제를 중심으로 중국 성씨의 기원을 찾아보면 동북아의 성씨의 기원에 연결될 수 있다.

2. 복희伏羲

지금으로부터 5천5백 년 전, 5세 태우의환웅의 막내아들이 었던 복희(태호 복희씨)는 하도河圖를 그려 음양오행 사상의 기틀을 마련하고, 팔괘를 지어 『주역』의 원리를 구성하였다.

인류의 역사 이래로 복희 만큼 다양한 모습으로 묘사되고 다양한 이름으로 불리는 사람은 없을 것이다.

복희는 고대 문헌에서 매우 다양하게 불리고 표기된다. 주로는 '복희'와 '포희'에다 존칭을 의미하는 '씨'가 붙은 '복희씨'와 '포희씨'로 표기되며, 이밖에 간략하게 줄인 '희'와 별호인 '희황', '황희', '태호', '천제', '춘황', '태제', '용사', '천황' 등이 있다. 복희의 '복'이 달라지게 된 원인에 대해서는 북제北齊 안지추顔之推의 견해가 독보적이다. 그는 『안씨가훈顔氏家訓』「서증書證」에서 이렇게 주장하였다.

장읍은 "복慮은 지금의 복희씨이다"라고 하였고, 맹강도 『한서고문주』에서 "복慮은 지금의 복伏이다"라고 하였다. 또한 황보밀은 "복희伏羲는 복희宓羲로 일컫기도 한다"라고 하였다. 생각건대, 경서와 사서 및 위서와 후서에서는 마침내 복희宓羲라는 이름이 없어졌다. 복慮 자는 호虍 자에서 나왔고, 복宓 자는 면宀 자에서 나왔고 아래는 필必 자인데, 나중에 옮겨 적는 과정에서 마침내 복慮 자를 복宓 자로 잘못 기록하게 되었으며,

『제왕세기』에서는 이로 인해 명칭을 바꾸었을 뿐이다. 이를 어떻게 증명할 수 있는가? 공자의 제자인 복자천은 선보單父의 읍재로서 복희의 후예인데, 속자로 복宓을 썼고, 때로는 다시 산山자를 덧붙였다. 지금의 연주 영창군성은 옛날의 선보 땅으로서 동문에는 한대에 세워진 자천의 비가 있는데, 거기에는 "제남의 복생은 복자천의 후예이다"라고 적혀 있다. 이로 볼 때 복處과 복伏은 예로부터 통용되는 글자였으며, 사람들이 복宓으로 잘못 알고 있음을 알 수 있다.[18]

(1) 복희의 출생과 활동

복희는 복희宓犧 혹은 포희庖犧, 복희伏戲, 포희包義, 포희包犧, 포희炮犧 등 여러 가지로 불리는데, 모두가 고대의 역사서에 기록된 복희의 다른 이름이다.[19]

복희에 대한 기록은 전국시대 말에 편찬된 『주역』「계사繫辭」에서 볼 수 있다. 그밖에 복희에 관한 기록은 『관자管子』「봉선」, 『장자莊子』「인간세」「대종사」「선성」「전자방」, 『전국책戰國

----

18) 張揖云: "處, 今伏羲氏也." 孟康『漢書古文注』亦云: "處, 今伏." 而皇甫謐云: "伏羲或謂之宓羲." 按諸經史緯候, 遂無宓義之號. 處字從虍, 宓字從宀, 下俱爲必, 末世傳寫, 遂誤以處爲宓, 而『帝王世紀』因更立名耳. 何以驗之? 孔子弟子處子賤爲單父宰, 卽處羲之後, 俗字亦爲宓, 或復加山. 今兗州永昌郡城, 舊單父地也, 東門有子賤碑, 漢世所立, 乃曰: "濟南伏生, 卽子賤之後." 是知處之與伏, 古來通字, 誤以爲宓, 較可知矣.(『안씨가훈顏氏家訓』「서증書證」)
19) 『歷代神仙通鑑』(明 : 徐道, 程毓奇)에는 太昊氏의 이름이 風方牙로 나온다. "以風爲姓, 名方牙(又曰蒼牙, 又曰蒼精)"

策「조책趙策」 등의 선진 문헌에서 발견할 수 있다.

『삼황본기』에 복희에 대한 사적이 간략히 기술되어 있는데 그 글은 다음과 같다.

"태호 포희씨는 풍씨로 수인씨를 대신해 천하를 계승하여 왕이 되어 다스렸다. 그 어머니는 화서라고 하였는데 뇌택에서 거인의 발자국을 밟고 성기에서 포희를 낳았다. 그는 뱀의 몸에 사람의 머리를 하고 있었으며 성덕이 있어 위로는 우러러 하늘의 모양을 관찰하고 아래로는 굽어 땅의 모범을 관찰하였으며, 옆으로는 날짐승과 들짐승의 현상과 땅의 마땅함을 살펴 가까이는 자신의 몸에서 취하고 멀리는 모든 사물에서 비유를 취하여 팔괘를 처음으로 그림으로써 신명의 덕과 통하게 하여 만물의 상황을 종류대로 분류하였다. 서계를 만들어 결승의 사무를 대신하였다. 그리하여 처음으로 시집 장가 제도를 제정하여 여피를 예물로 삼았다. 그물을 엮어 사냥하고 물고기 잡는 것을 가르쳤으므로 복희씨라고 했으며, 희생 가축을 길러 주방을 풍족하게 하였으므로 포희라고 했다."[20]

----

20) 太昊庖犧氏, 風姓, 代燧人氏繼天而王. 母曰華胥, 履大人迹于雷澤, 而生庖犧于成紀. 蛇身人首, 有聖德, 仰則觀象于天, 俯則觀法于地; 旁觀鳥獸之文與地之宜, 近取諸身, 遠取諸物, 始畫八卦, 以通神明之德, 以類萬物之情. 造書契以代結繩之政. 于是始制嫁娶, 以儷皮爲禮. 結網罟以敎畋漁, 故曰伏犧氏; 養犧牲以庖廚, 故曰庖犧.(『삼황본기』)

복희의 탄생지에 대해서는 옛날에는 성기成紀라 하였고, 현재는 천수天水라 한다.

그렇다면 뇌택과 성기는 도대체 어디인가? 사마정司馬貞의 『삼황본기三皇本紀』 자주自注에 의하면,

"뇌택雷澤은 호수의 이름으로 옛날 순舜 임금이 낚시하던 곳으로 제음濟陰에 위치한다. 성기成紀는 지명으로 생각건대 천수天水에 있는 성기현成紀縣이다."

복희는 진陳에 도읍하여 115년간 재위하고 15대에 걸쳐 이어졌다고 한다. 『제왕세기帝王世紀』에 이르길,

"포희씨는 태호라고 불리며 진에 도읍했다."고 한다.(지금의 하남河南 회양淮陽)[21]

『삼황본기三皇本紀』에 이르길, 복희는

"진에 도읍하고 동쪽으로 태산을 봉하고 111년간 제위에 올랐다가 붕어하였다."[22]

고 했다. 복희가 죽은 후에 남군南郡에 장사 지냈다고 한다.

이상에서 복희는 감숙甘肅, 섬서陝西 일대인 황토고원, 곧 중

----

21) 庖犧氏稱太昊, 都陳(『제왕세기帝王世紀』)
22) 都于陳, 東封太山, 立一十一年崩.(『삼황본기三皇本紀』)

화민족의 요람에서 최초로 생활하였다는 것을 설명하였다. 그런데 복희의 출생지에 대해서는 감숙성, 하남성, 산동성 등 여러 설이 있고, 활동범위도 광범위하다.

『밀기密記』에는 이렇게 기록되어 있다.

복희는 신시에서 출생하여 우사雨師 직책을 대물림하셨다. 후에 청구, 낙랑을 지나 진陳 땅에 이주하여 수인燧人, 유소有巢와 함께 서쪽 땅[西土]에서 나라를 세우셨다.
그 후예가 풍산에 나뉘어 살면서 역시 풍風으로 성을 삼았다. 후에 패佩·관觀·임任·기己·포庖·리理·사姒·팽彭 여덟 씨족으로 나뉘어졌다. 지금의 산서 제수濟水에 희족羲族의 옛 거주지가 아직 남아 있는데, 임任·숙宿·수구須句·수유須臾 등의 나라가 모두 에워싸고 있다.[23]

이렇게 복희씨는 신시에서 출생하여 우사 관직을 세습하였고, 후에 청구·낙랑을 지나 진으로 이주하였다. 『좌전左傳』「소공昭公 17년」에 "진은 태호(복희)의 옛 터이다."[24]라는 기록이 보인다. 복희씨는 그곳에서 수인씨를 이어 왕이 되었다. 그리고 풍산風山에서 살게 되어 성을 풍씨로 하였다. 인류 최초의

---

23) 密記曰, 伏羲, 出自神市, 世襲雨師之職, 後經靑邱樂浪, 遂徙于陳, 並與燧人有巢, 立號於西土也. 後裔分居于風山, 亦姓風, 後逐分爲佩觀任己庖理姒彭八氏也. 今山西濟水, 羲族舊居, 尙在, 任宿須句須臾等國, 皆環焉.(『太白逸史』「神市本紀」)
24) 陳, 太昊之虛也.『좌전左傳』「소공昭公 17년」

성씨인 풍씨는 뒤에 패佩, 관觀, 임任, 기己, 포庖, 리理, 사姒, 팽彭이라는 여덟 가지 성으로 갈라졌다. 풍씨 성은 15대 만에 끊어지고 다른 성씨로 분파되었다.

복희를 모신 사당이 중국의 여러 곳에 있다. '천하제일묘'라 불리는 하남성 회양현 복희묘, 최초로 세워진 신락시 인조묘人祖墓, 산동성 미산현 복희묘, 하남성 맹진현의 용마부도사龍馬負圖寺(용마가 그림을 지고 나온 절), 감숙성 천수시의 복희묘, 괘태산 복희대, 서화현 구지애 등의 복희묘가 있다. 그 가운데 하남성 회양현의 복희묘가 가장 대표적이다. 그런데 『환단고기』에 의하면, 복희는 신시에서 태어나 지금의 산동성 미산현에 묻혔다.

복희와 동방민족의 관계에 대해서는 태양숭배와 관련되어 이야기되기도 한다. 다수의 학자들은 태호가 풍성의 유제씨有濟氏 족의 추장으로, 조상이라고 여긴다. 태호는 태양신으로 여겨진다. 옛 동이족은 새숭배와 태양숭배의 부족으로, 태호는 유제씨 족이 숭상하는 태양신이다. 소호少昊도 태호太昊와 마찬가지로 모두 고대 동이선민이 숭배하던 태양신이다.[25]

전설상으로는 원래 태호와 복희가 별개의 인물이었는데 선진先秦의 사관이 편찬한 『세본』에서 처음으로 그 둘을 한 사람이라고 말하였다. 태호 복희씨가 죽은 후에 그의 자손들은 회화淮河 북쪽 기슭을 따라서 동으로 뻗어나가, 황하 하류를 따

25) 葉林生, 『古帝傳說與華夏文明』(合爾濱:黑龍江教育出版社, 1999), 204-206쪽.

라서 제수濟水 유역 일대를 장악하였다.

(2) 복희와 용토템

황하지역의 주된 3대 부락집단은 첫째 염제족炎帝族, 둘째 태호족太昊族과 소호족少昊族, 셋째 황제족黃帝族이다.

또한 장강유역에는 묘만苗蠻집단이 있었는데, 그 중에 복희여와족伏羲女媧族, 치우족蚩尤族, 삼묘족三苗族 등이 대표적이다.

용가족 중에 뱀을 원형으로 하는 이螭가 있다. 이룡이라고도 말하며, 속칭 소룡이라고도 한다. 뱀을 소룡이라 부르는 데에는 대개 두 가지 원인이 있다. 첫째, 복희·여와와 두 종족이 혼인관계를 맺었기 때문이며, 둘째 치우족의 뱀토템에서 찾을 수 있다.

치우蚩尤 두 글자는 바로 뱀의 형상이다. 치우족은 용을 토템으로 하는 복희·태호 부족의 한 포족으로, 복희·여와족의 후예일 가능성도 있다.

비록 치우가 본래 독자적인 종족이었다 해도 결국 이 연맹집단의 구성원으로 변해버린 것은 분명하다.

치우가 죽은 후 풍목으로 화한 이유는, 그 조상이 바로 풍씨 성이었기 때문이다. 그래서 황제와 싸울 때에 능히 "풍백우사를 청하여 큰 비바람이 나게 할 수 있었던 것이다."

풍백우사는 분명 태호풍족과 용족의 신화이다. 이로 보면 치우족은 뱀을 그 토템으로 삼으면서 죽은 후에는 풍楓 즉 풍

風으로 돌아가는 반조返祖 풍속이 있었음을 알 수 있다. 또한 이 치우족은 복희족과 여와족의 이중혈통을 갖고 있었음도 미루어 알 수 있다.

이로써 우리는 치우족이 태호족의 후예이며, 또 이 치우집단이 뱀·봉·악·저 등의 복합적 토템을 가지고 있었음도 알 수 있다.[26]

(3) 복희에 대한 신화

중국에서는 고대부터 복희·여와 남매를 민족의 시조로 숭배해왔다. 한나라 때의 돌에 새긴 그림인 화상석이라든가 당나라 때의 채색한 비단 그림인 백화 등에는 복희·여와 남매가 결합하고 있는 모습이 자주 나타나는데, 이들 그림에는 이 두 남매가 상반신은 인간이며 하반신은 뱀의 모습을 한 것으로 묘사되어 있다.

그런데 인류의 시조 복희·여와 남매가 결합하고 있는 그림은 단순한 볼거리를 넘어서 심오한 우주 원리를 표현하기도 한다. 복희는 직선을 그릴 수 있는 곱자를 들고 있는데 이것은 남성 원리인 양의 기운을 나타내며 여와는 원을 그릴 수 있는 컴퍼스, 곧 그림쇠를 들고 있는데 이것은 여성 원리인 음의 기운을 나타낸다. 따라서 이들 남매는 우주 원리 그 자체를 상징한다.

---

26) 王大有(著), 林東錫(譯), 『龍鳳文化源流 - 신화와 전설, 예술과 토템』(동문선, 1994), 참조.

고분장식에 보이는 복희·여와 – 복희여와도

현재 남아있는 벽화와 화상석의 복희여와도상은 주로 한대 고분과 사당祠堂의 장식을 위해 제작되었던 것들이다.

한대 화상석의 내용과 제재는 광범위하여 역사고사, 신화전설 및 귀신신앙, 자연현상, 일상생활과 사회생활의 화상 등이 망라되었다.

한 왕조 약 400년 동안 조성된 고분과 사당은 당시의 경제적인 번영과 정치적인 안정을 기반으로 조성된 것으로, 고분과 사당은 산동, 하남 등 부가 집중되는 지역에 광범위하게 세워졌다.

중국의 신화에서 여와는 인류를 창조하였고, 복희는 인류의 문명을 발전시켰다. 이들은 각각 독립적인 신으로 한대 이전의 문헌에 기록되었으며 복희와 여와의 관계가 부부로 서술된 문헌은 당대 이용李冗이 쓴 『독이지獨異志』가 최초이며 서한 때 회남왕 유안劉安이 지은 『회남자淮南子』「남명훈覽明訓」에서 비로소 복희와 여와가 최초로 함께 언급되었다. 그 내용은 아래와 같다.

복희·여와는 법령제도를 설치하지 않고도 최고의 덕행으로 후세에 이름을 남겼다.

복희여와 신화는 전승과정에서 개별적인 복희와 여와신화가 점차 결합되어 하나의 완전한 이야기 구조가 완성된 것이라고 하겠다.

홍수남매혼형 신화는 중국에서뿐만 아니라 일찍이 한국의

함흥 지역에서도 수집되었고, 고구려 고분벽화에서도 해와 달을 각각 머리에 인 남녀 한 쌍이 출토되어 복희·여와 남매로 추정되고 있다. 따라서 이 신화는 동아시아 지역에 널리 퍼진 이야기 유형임을 알 수 있다.[27]

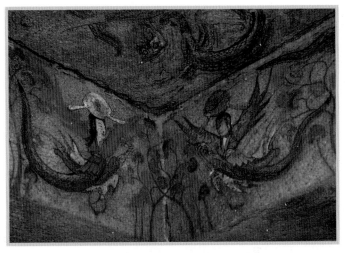

고구려 벽화속의 복희여와도

집안集安 오회분五盔墳 4호묘에는 해를 머리에 인 남신과 달을 머리에 인 여신이 등장한다. 이 남녀 두 신은 하반신이 용이나 뱀 등 파충류의 모습을 하고 있어 한대의 화상석畵像石에서 보이는 인류의 시조 복희伏犧, 여와女媧 남매의 형상과 비슷하다.

27) 정재서,『정재서교수의 이야기동양신화』, 황금부엉이, 2004.

복희·여와가 고구려 무덤에 등장한 이유는 복희여와 신화가 '인류창조'의 주제를 다룬 최고의 이야기라는 점 때문이다. 적어도 동아시아의 신화 중에서 이 주제와 관련된 어떤 신화도 이보다 풍부하고 심오한 것은 없다.

복희는 양의 기운, 여와는 음의 기운의 화신으로 둘의 결합은 음양의 조화를 상징한다. 고구려 벽화속 복희여와의 얼굴과 의복이 신강자치구의 〈복희여와도〉와는 사뭇 다르게 고구려 민족의 특성을 반영하고 있다. 시기적으로는 3세기 정도 앞서 있다. (집안集安 오회분五盔墳 4호묘에서)

집안集安 오회분五盔墳 4호묘에서 남신이 이고 있는 해 속에는 해의 정령인 삼족오가, 여신이 이고 있는 달 속에는 달의 정령인 두꺼비 섬여蟾蜍가 그려져 있다. 이것은 주지하듯이 동이계의 영웅이었던 예羿와 그의 아내인 항아嫦娥 신화의 반영으로 이 신화가 고구려에도 유포되었음을 말해준다. 그도 그럴 것이 예 신화와 북부여의 건국시조 해모수解慕漱, 고구려시조 주몽朱蒙의 탄생과 관련된 신화는 동일한 서사구조를 지니고 있기 때문이다. 그러나 이들은 몸에 날개와 같은 비의飛衣를 걸치고 있고 주변에 천공을 떠다니는 비선飛仙들이 있어 신화와 도교가 혼재된 이미지를 풍기고 있다. 이러한 이미지는 주로 동이계 신화가 도교로 변천하는 과정에서 많이 발견된다.

(4) 복희의 문명사적 업적

중국의 고대 문헌에 전해오는 복희에 관련된 기록 중에서, 인류의 문명사적 견지에서 위대한 업적으로 평가될 수 있는 복희의 업적을 다음과 같이 정리할 수 있다.

① 곤충과 새·짐승에게 명칭을 붙였다.

「춘추명력서春秋命曆序」에 의하면, 복희는 신농과 함께 처음으로 곤충과 새·짐승에게 이름을 부여하였다.[28]

② 나무를 문질러서 불을 얻었다.

「하도정보좌河圖挺輔佐」라는 글에 의하면, 복희는 백우伯牛에게 선양을 하고 나무를 문질러서 불을 피우는 법을 알아내었다.[29]

③ 활을 만들었다.

『태백음경太白陰經』에 의하면, 복희는 시위와 나무를 이용해서 활을 만들었다.[30]

④ 백성들에게 음식을 익혀먹는 법을 가르쳤다.

『삼분三墳』에서는, 복희가 백성들에게 음식 익혀먹는 법을

---

28) 伏羲燧人始名物蟲鳥獸.(「춘추명력서春秋命曆序」)
29) 伏羲禪於伯牛, 鑽木取火.(「하도정보좌河圖挺輔佐」)
30) 庖犧氏弦木爲弓.(『태백음경太白陰經』)

가르쳤다[31]고 기록하였다.

⑤ 그물을 만들고, 수렵과 물고기 잡는 법을 가르쳤다.

『주역』「계사하」에 의하면, 복희는 결승을 만들고 그물을 짜서 수렵과 어렵을 하였다.[32]

또 『시자尸子』에는 "복희 때에는 천하에 짐승이 많았기 때문에 백성들을 가르쳐 사냥을 하였다.[33]

이밖에도 『한서』「율력지하律曆志下」("作罔罟以田漁")와 송대 나필羅泌의 『노사路史』「태호기太昊紀」("爲罔罟以畋以漁")에도 같은 내용이 기록되어 있다.

한편 갈홍의 『포박자抱樸子』「대속편對俗篇」에는 복희가 거미의 집 짓는 모양을 보고 이를 응용하여 그물을 짰다[34]고 기록하였다.

⑥ 야생동물을 길들여서 가축으로 삼았다.

진대晉代의 황보밀皇甫謐은 『제왕세기帝王世紀』에서 복희는 성이 풍이며, …… 소를 길들이고 말을 탔다[35]고 기록하고 있는데, 이는 곧 야생동물을 길들여서 가축으로 삼았다고 볼 수 있다.

----

31) 教民炮食(『삼분三墳』)
32) 作結繩而爲罔罟, 以佃以漁, 蓋取諸離.(『주역』「계사하」)
33) 宓犧氏之世, 天下多獸, 故教民以獵.(『시자尸子』)
34) 太昊師蜘蛛而結罔.(『포박자抱樸子』「대속편對俗篇」)
35) 伏羲風姓, … 伏牛乘馬.(『제왕세기帝王世紀』)

또한 『노사路史』「태호기太昊紀」에서도 복희가 제사에 사용하는 희생을 길렀으며, 소를 길들이고 말을 탔다[36]고 기록하고 있다.

⑦ 예를 제정하였다.

혼인 예를 제정하고, 부자간의 친함, 군신간의 의, 부부간의 도리, 장유의 순서 등등을 정했다.

『초사』「천문天問」편에는 복희가 도와 덕을 닦고 실천하여 모든 백성들이 그를 제왕으로 옹립하였다[37]고 노래하였다.

『백호통白虎通』「호號」에서는 비교적 상세히 이에 관련된 내용을 정리하였다.

옛날에는 삼강과 육기가 없어서 백성들은 자신의 어머니만 알뿐 자신의 아버지를 몰랐으며, …… 배가 고프면 먹을 것을 구하고 배가 부르면 남은 것은 버렸으며, 산짐승을 털도 뽑지 않은 채 피가 뚝뚝 흐르는 것을 먹었으며, 짐승의 가죽으로 만든 옷을 입었다. 이에 복희는 우러러 하늘에서 상을 관찰하고, 구부려 땅에서 법을 살펴서 부부간에 혼인을 하게 하고 다섯 가지 행위를 바로잡아 처음으로 인간의 윤리규범을 정했다.[38]

---

36) 豢養犧牲, 服牛乘馬.(『노사路史』「태호기太昊紀」)

37) 伏羲… 脩行道德, 萬民登以爲帝.(『초사』「천문天問」)

38) 古之時, 未有三綱六紀, 民人但知其母, 不知其父, …… 饑卽求食, 飽卽棄餘, 茹毛飮

『신어新語』에서도 이와 비슷하지만 좀 더 구체적인 설명을 하였다.

선성(즉 복희)이 우러러 천문을 관찰하고, 구부려 지리를 살펴서 건곤을 그림으로 그려 인간의 윤리규범을 정했다. 이에 백성들은 비로소 깨달음이 열려 부자간의 친함, 군신간의 의, 부부간의 도리, 장유의 순서 등을 알게 되었다.[39]

『고사고古事考』에서는 복희가 혼인 예를 제정하였고 여피를 폐백으로 삼았다[40]고 하였다.

진대晋代의 왕가王嘉는 『습유기拾遺記』「춘황포희春皇庖犧」편에서, 복희 때에 예의와 문물이 시작되었으며, 동굴에서 살던 방식을 버리게 하고 예교를 세워 문으로 이끌었다[41]고 하고, 아울러 복희가 처음으로 혼인 예를 제정하여 인간의 윤리규범을 닦았다고 하였다.

사마천의 『사기』에서 「삼황본기」가 빠진 것에 불만을 품고

血而衣皮革. 於是伏羲仰觀象於天, 府察法於地. 因夫婦, 正五行, 始定人道.(『백호통白虎通』「호號」)

39) 先聖仰觀天文, 俯察地理, 圖畫乾坤, 以定人道. 民始開悟, 知有父子之親, 君臣之義, 夫婦之道, 長幼之序, 於是百官立, 王道乃生.(『신어新語』)

40) 伏羲制嫁娶, 以儷皮爲禮."("始嫁娶以修人道.(『고사고古事考』)

41) 禮義文物於茲始作. 去巢穴之居, …… 立禮敎以導文.(『습유기拾遺記』「춘황포희春皇庖犧」)

자신이 직접 이를 보충하여 「보삼황본기」를 쓴 당대의 사마정 司馬貞도 『고사고』의 기록처럼, 복희가 처음으로 혼인제도를 제정하고 여피를 폐백으로 삼았다고 기록하였다.

한편 『전국책戰國策』「조책趙策2」에서는 복희가 가르치기만 했을 뿐 처벌은 하지 않았다[42]고 기록하였다.

『노사』「태호기」에서는 복희가 어지러워진 성과 씨를 바로잡고, 중매를 통해 혼인을 하게 하였으며, 아울러 군신·부자·부부의 의를 바로잡았고, 예의를 제정하였다고 기록하였다.

⑧ 역·팔괘 및 구구의 수를 만들었다.

복희의 최대 업적은 변화의 질서인 역을 창시한데 있다.[43] 역의 기본은 팔괘로 이루어져 있고 우리나라 태극기의 건곤감리가 여기에서 유래하였다.

복희팔괘는 황하에서 나온 용마의 등에 있는 도형을 보고 계시를 얻어 복희가 하도를 그리고 이를 바탕으로 천문지리를 살피고 만물의 변화를 고찰하여 만들었다고 한다. 종이 한 장에 다 그려지는 이 도표 하나에서 음양오행 원리가 나오고, 공간과 시간의 순환 원리가 나온 것이다. 복희팔괘는 천지만물이 끊임없이 변화하는 자연현상의 이치를 담고, 오랜 세월을

---

42) 宓戲神農教而不誅.(『전국책戰國策』「조책趙策2」)

43) 증산상제는 "應須祖宗太昊伏마땅히 선천 문명의 조종(祖宗)은 태호 복희씨인데"(『道典』 5:282:3)는 말씀으로 복희의 업적을 치하하였다.

중국뿐만 아니라 동북아시아 전역에 걸쳐 그 삶과 역사에 영향을 끼쳐왔다.

　복희가 팔괘를 지었다는 것은 『주역』 「계사하」에 기록되어 있어 거의 이설이 없다. 「계사하」에는 복희가 팔괘를 짓게 된 경위와 그 효용을 비교적 상세히 밝히고 있다.

　　옛날에 포희씨가 천하를 다스릴 때, 위로는 우러러 하늘의 상을 관찰하고 아래로는 굽어 땅의 법을 관찰하였으며, 옆으로는 날짐승과 들짐승의 현상과 땅의 마땅함을 살펴 가까이는 자신의 몸에서 취하고 멀리는 모든 사물에서 비유를 취하여 팔괘를 처음으로 그렸다. 그리하여 신명의 덕과 통하게 하고 만물의 상황을 종류대로 분류하였다.[44]

　당대 양형楊炯은 「소실산이묘비少室山姨廟碑」라는 비문에서, 복희가 괘를 그렸는데 오직 새와 짐승의 무늬만을 관찰하였다[45]고 하였다.

　『시자尸子』에서는 복희가 처음으로 팔괘를 그려 팔절을 펴서 천하를 교화하였다[46]고 하였다.

----

44) 古者包犧氏之王天下也, 仰則觀象於天, 俯則觀法於地, 觀鳥獸之文, 與地之宜, 近取諸身, 遠取諸物, 於是始作八卦, 以通神明之德, 以類萬物之情(『주역』「계사하」)

45) 伏羲畫卦, 唯觀鳥獸之文.(「소실산이묘비少室山姨廟碑」)

46) 伏羲始劃八卦, 列八節而化天下.(『시자尸子』)

『한서』「오행지五行志」에 의하면, 서한의 유흠劉歆은 복희가 천명을 이어받아 천하를 다스렸으며 하도를 바탕으로 해서 팔괘를 그렸다고 생각하였다.[47]

『습유기』「춘황포희」에서는 팔풍을 조화시켜서 팔괘를 그렸다[48]고 기록하였다.

서한 장형張衡의 「동경부東京賦」에는 "용이 그림을 복희에게 주었다(龍圖授羲)"는 구절이 나오는데, 이에 대해 설종薛綜은 주에서 『상서전尙書傳』을 인용하여 복희가 천하를 다스릴 때 용마가 하수河水에서 나왔는데 마침내 그 무늬를 바탕으로 해서 팔괘를 그렸다. 이를 하도라고 부른다[49]고 하여 팔괘 자체를 하도라고 설명하기도 하였다.

복희가 역易을 지었다는 말은 『역통괘험易通卦驗』에 나온다. 그리하여 '희경犧經' 혹은 '희경羲經'이라는 말은 『역경』을 말하는데, 복희가 처음으로 팔괘를 만들었기 때문에 일컫는 것이고, 이를 다른 말로 '희역羲易'이라고도 한다.

『역전易傳』에서는 『역위易緯』와 같이 모두 복희가 팔괘를 그린 것이 자연계의 모든 사물에 대해 우러러 보고 굽어 관찰한 후의 추상적인 총괄이며 팔괘를 그린 목적과 효용은 "신명의 덕과 통하게 하여 만물의 상황을 종류대로 분류"하는데 있다

---

47) 劉歆以爲虛羲氏繼天而王, 受河圖, 則而畫之, 八卦是也.(『한서』「오행지五行志」)

48) 調和八風, 以畫八卦.(『습유기』「춘황포희」)

49) 伏羲氏王天下, 龍馬出河, 遂則其文, 以畫八卦, 謂之河圖.(「동경부東京賦」注)

는 것을 강조하였다.

『춘추위春秋緯』에서는 공자의 권위를 빌어 복희가 괘를 그린 것을 긍정하며 말하길, "공자가 이르길, 복희가 팔괘를 만들고 그 현상을 모아 상세히 설명하고 그 신비함을 읽어 드러내었다.[50]"고 하였다.

한편 복희는 구구九九의 수, 즉 오늘날의 구구단을 지었다고 한다.

『관자管子』「경중무輕重戊」에 의하면, 복희는 …… 구구의 수를 지어 천도에 합하게 하였으며 천하를 교화시켰다.[51]

⑨ 처음으로 공업을 시작하였으며, 쇠를 녹여서 그릇을 만들었다.

「산동 무량사 화상석」에는 복희가 처음으로 공업을 만들었고, 괘를 그리고 줄을 묶어 천하를 다스렸다[52]고 하였다.

또 『삼분三墳』에서는 복희가 쇠를 불려 그릇을 만들었고, 신하인 화룡에게 명해 그릇을 만들게 하였다[53]고 기록하였다.

⑩ 문자를 만들고, 서계를 만들었으며, 갑력甲曆을 만들었다.

『상서尙書』의 공안국孔安國 서序에 의하면, 복희는 서계를 만들었다.

----

50) 孔子曰: 伏犧作八卦, 互合而演其文, 讀而出其神.(『춘추위春秋緯』)
51) 虙戲… 作九九之數, 以合天道, 而天下化之.(『관자管子』「경중무輕重戊」)
52) 伏羲倉精, 初造工業, 畫卦結繩, 以理海內.(「산동 무량사 화상석」)
53) 冶金成器. 命火龍氏炮冶器用.(『삼분三墳』)

『삼분三墳』에서는, 신하인 비룡에게 명해 육서를 만들게 하고 신하인 잠룡에게 명해 갑력을 만들게 하였다.[54] 갑력이란 갑자에서 시작하여 계해로 끝나는, 세시를 기록하는 일력日曆을 말한다. 따라서 갑력은 60일이 한 주기가 된다.

또 『노사路史』「태호기太昊紀」에서는 복희가 용서를 만들어 제도의 명칭을 정하고 문자를 같게 하였다, 서계를 만들어서 결승의 정사를 대신하게 하였다[55]고 기록하였다.

⑪ 성곽을 설치하였다.

『삼분三墳』에서는, 복희가 거주하는 방위에 따라 성곽을 설치하였다[56]("因居方而置城郭.")고 기록하였다.

『노사路史』「태호기太昊紀」에서는 복희가 성읍을 설치하였다고 하였는데, 성읍이란 성곽이 있는 것을 전제로 하기 때문에 곧 성곽을 설치하였다는 것과 같다.

⑫ 백관을 두었다.

『신어』에서는, 복희가 인간의 윤리규범을 정했기 때문에 이에 백관이 설립되고, 왕도가 생겨나게 되었다고 주장하였다.

이러한 복희가 이룩한 업적에 의해 인간은 우주의 변화 법칙

---

54) 命臣飛龍氏造六書, 命臣潛龍氏作甲曆.(『삼분三墳』)

55) 作爲龍書, 以立制號而同文. 肇書契以代結繩之政.(『노사路史』「태호기太昊紀」)

56) 因居方而置城郭.(『노사路史』「태호기太昊紀」)

을 체계적으로 이해할 수 있게 되었다. 또한 그는 예를 제정하고, 결혼 제도를 만들고, 그물을 만들고, 수렵과 물고기 잡는 법을 가르치는 등 문명사적으로 많은 공헌을 하였다.

(5) 복희씨의 성 풍風씨-성의 근원을 밝히다.

복희는 성씨가 풍風[57]이다.

① 『제왕세기帝王世紀』: 태호 황제 포희씨는 풍씨이다.[58]

② 『황왕세기皇王世紀』: 태호제 복희씨는 풍성이다. 사신 인수에 성덕이 있으며, 도읍은 진이다. 36현의 거문고를 지었다. 수인씨가 죽고, 포희씨가 대를 이었으며, 천제의 뜻을 이어 생하였으니, 목木을 으뜸가는 덕德으로 하여 모든 왕보다 먼저하였다.[59]

③ 『삼황본기三皇本紀』: 태호 포희씨는 풍씨로 수인씨를 대신해 천하를 계승하여 다스렸다.[60]

④ 『성씨심원姓氏尋源』: 『성찬』에 이르길, 풍씨는 복희씨의

---

57) 복희의 소위 풍風씨 성에 대해 '봉鳳'씨라고 보는 견해도 있다. '풍風·봉鳳' 두 글자는 같이 쓰이며 갑골문에서도 '봉' 자를 '풍' 자로 본다. 이것은 태호족이 원래는 봉황새를 최고 토템으로 했음을 나타낸다.[張富祥, 『東夷文化通考』(上海古籍出版社, 2008), 129쪽.]

58) 太昊帝庖犧氏, 風姓也.(『제왕세기帝王世紀』)

59) 太昊帝庖犧氏, 風姓也, 蛇身人首, 有聖德, 都陳。作瑟三十六弦。燧人氏沒,庖犧氏代之, 繼天而生, 首德於木, 爲百王先.(『황왕세기皇王世紀』)

60) 太昊庖羲氏, 風姓, 代燧人氏繼天而王.(『삼황본기三皇本紀』)

후예라고 하였다. 『좌전』의 임任, 숙宿, 수구須句, 전유顓臾 네 나라 모두 풍씨로 실제로 태호의 제사를 주관하였다.[61]

⑤ 『좌전』 희공僖公 21년 : 임任, 숙宿, 수구須句, 전유顓臾는 풍씨로 실제로 태호와 유제有濟의 제사를 주관하여 제하諸夏를 섬겼다. 주인邾人이 수구를 멸망시켰다. 이에 수구의 아들이 도망 와 계승하여 풍씨가 되었다.[62]

⑥ 『제왕세기』: 여와씨 또한 풍성으로 포희를 계승하여 호를 여희女希라 하였다고 했다.[63]

⑦ 『원화군현지元和郡縣志』: 복주復州 경릉현성竟陵縣城은 본래 옛 풍성風城으로 옛 풍국風國 즉, 복희 풍씨의 나라였다.[64]

⑧ 『역통괘험易通卦驗』 주注 : 수황燧皇이 복희의 앞 시대였지만 풍씨성이 복희가 반드시 수인씨를 계승한 것이라고는 할 수 없다.[65]

⑨ 『좌전左傳』: 담자가 말하기를 태호씨大皞氏는 용으로 일을 기록하였기 때문에 용사龍師를 두어 '용 용龍' 자로 명

---

61) 姓纂云, 風姓, 伏羲氏之後. 左傳 任, 宿, 須句, 顓臾四國皆風姓, 實司太皞之祀.(『성씨심원姓氏尋源』)

62) 任, 宿, 須句, 顓臾, 風姓也, 實司太皞與有濟之祀, 以服事諸夏. 邾人滅須句. 須句子來奔, 因成風也.(『좌전』 희공僖公 21년)

63) 女媧氏亦風姓, 承包羲制度號女希.(『제왕세기』)

64) 復州竟陵縣城本古風城, 古之風國, 即伏羲風姓也.(『원화군현지元和郡縣志』)

65) 燧皇在伏羲前, 風姓是伏羲因燧人氏, 未必然也.(『역통괘험易通卦驗』주注)

명하였다. 두예의 주에 이르기를 태호복희씨는 풍성의
시조다. 용의 상서로움이 있어서 용으로써 관직을 명하
였다. [66)]

⑩ 『포희찬庖犧贊』 : 목덕으로, 풍성이며, 팔괘를 지었다.
용의 상서로움이 있어 용으로 관직의 이름을 삼았고, 땅
의 후덕함을 본받고 하늘을 따랐다. [67)]

이렇게 문헌을 통해서 보면, 복희는 풍성의 시조로서, 수인
보다 후대의 인물로 문헌기록에 보이지만 풍씨성의 복희가 수
인을 계승한 것이라고는 단정할 수 없다.

(6) 복희의 후손

복희의 후손들이 이룬 나라로는 서남방의 파국巴國이 있다.
복희가 함조咸鳥를 낳았고, 함조는 승리乘釐를, 승리는 후조後照
를 낳았는데, 후조가 바로 파국의 시조이다. 파국은 주변 삼백
리가 모두 신과 물로 둘러싸여 있고 드넓게 펼쳐진 들판도 너
무나 아름다워 신선들의 세상처럼 깨끗했다고 한다. [68)] 이 나라
의 선조들 중에 늠군凜君이라는 위대한 영웅이 있다. 늠군은 무
상務相이라고도 불리는 영웅적 인물인데, 일찍이 파국의 여러 씨

---

66) 郯子曰「太皥氏以龍紀, 故爲龍師, 而龍名。」杜預注曰:太皥伏犧氏, 風始祖也。有
龍瑞, 故以龍令官.(『左傳』)
67) 木德風姓, 八卦創焉。龍瑞名官, 法地象天.(『포희찬庖犧贊』)
68) 김선자, 『중국신화이야기』(서울: 아카넷, 2004), 199-200쪽.

족이 모여 지도자를 뽑는 시험을 모두 통과하고 왕이 되었다.

풍씨의 후손 8성은 패佩·관觀·임任·기己·포庖·리理·사姒·팽
彭인데, 풍씨의 후손 8성중에 대표적인 성이 사성姒姓이
다.

① 사성姒姓

우禹 임금 | 사성姒姓의 시조는 하나라의 우禹이다. 우禹 임금
은 성은 사姒이고, 씨는 하후夏後, 이름은 문명文命, 자는 고밀高
密이다. 대우大禹, 하우夏禹 등으로도 일컬어진다.

순의 선양을 받아 왕위를 계승하여 하왕조의 기초를 세운
인물이다. 전하는 바에 의하면 그는 100세까지 살다가 회계산
에 묻혔다고 한다.

우는 사천성 서북부 북천현 우리禹里 강족향羌族鄕에서 태어
났다고 한다. 한편 우가 활동한 지역에 대해, 『제왕세기』에는
"우가 하백에 봉해졌다. 예주 외방의 남쪽으로 지금의 하남 양
적이 그곳이다"라는 대목이 보이는데, 양적은 지금의 하남성
우현이다. 또 『한서』에서는 "전욱 이후 5대에 이르러 곤鯀이
태어났다"고 했는데, 곤은 우의 아버지다.

하夏나라의 개국군왕開國君王으로 부친은 곤鯀이다. 부친의 치
수治水 사업을 이어받아 최종적으로 완성시켰다.

아버지 곤이 홍수를 막으려고 하다 실패하자, 순임금은 우

에게 그 일을 맡겼다. 우는 총명하고 부지런하며 매사에 솔선
수범하였다. 그는 치수에 실패한 아버지의 교훈을 거울삼아
철저한 현지 조사를 거쳐 강바닥에 쌓인 토사를 제거하는 방
법을 취했다. 그는 직접공사현장을 감독하면서 동분서주 한
결과 13년만에 홍수의 피해를 극복할 수 있었다. 이 13년 동
안에 그는 세 번이나 자신의 집앞을 지나갔지만 한번도 집에
들어간 적이 없었다고 한다.

우가 치수사업을 하게된 까닭은 그의 부친 곤이 치수사업에
실패하였기 때문이다. 『사기』「오제본기」에 의하면, 하루는 요
가 홍수를 다스려 백성들의 근심을 풀어줄 사람이 누군지 자
문했다. 신하들은 곤이 괜찮다고 말했다. 요는 신하들의 추천
을 달가워하지 않았다. 요가 생각하기에 곤은 다루기 힘들고
동족을 해치는 인물이었기 때문에 기용할 수 없었다. 그러나
대신들은 곤만 한 사람이 없
다면서 한번 써보고 안 되면
그때 다시 논의하자고 했다.
요는 할 수 없이 대신들의 건
의에 따라 곤에게 치수를 맡
겼다. 우의 아버지 곤鯀은 치
수관으로 추천되었지만 여러
해 동안의 노력에도 불구하고
치적을 쌓지 못해서 홍수는

우임금

여전히 감당치 못할 정도로 범람하여 백성들에게 엄청난 대재난을 가져다 주었다. 이 때문에 순은 천자가 된 후에 곤을 죽였다. 순은 다시 여러 제후들의 추천 하에 우禹를 치수관으로 임명하여 부친의 직책을 계승하게 하였다. 우도 치수를 할 수 없었다. 이렇게 세월은 22년이나 지났다. 그래도 더 나아지지 않았다. 도저히 방법이 없었다. 이에 순임금은 단군왕검에게 도움을 간청하였다.

단군왕검은 기원전 2267년에 태자 부루를 보내어 치수법을 가르쳐 주게 하였다.

태자 부루는 단군조선의 사자로서 도산에서 회의를 주재하여 사공司空(치수담당) 우에게 오행치수법을 적은 금간옥첩金簡玉牒과 3가지 보물(치수에 꼭 필요한 물건 3가지)을 건네주어 치수에 성공하도록 하였다. 우는 이로 인하여 얼마 안되어 치수를

우임금 능(절강성 소흥)

완성할 수 있었다.

순임금 역시 아들 상균이 있었지만, 어질고 덕이 있으며 하늘의 역수가 있는 우에게 제위를 물려준다. 우임금은 전 국토를 잘 살펴 통일을 이루고 익주에 서울을 두고 전국을 아홉으로 대분하여 소위 구주九州의 구역을 정비하였다.

따라서 우의 치수사업은 홍수를 다스려 백성들의 재난을 제거했다는 공적일 뿐만 아니라, 지형을 잘 살펴 토지의 경계를 뚜렷이 세웠다는 점에 더 큰 의의가 있다.

② 팽성彭姓

풍씨의 후손 8성중에 팽성彭姓은 전욱 고양씨의 후예이다.

전욱 고양씨의 후손 육종陸終의 셋째 아들 이름이 전갱籛鏗으로 북을 만드는 기술이 있었다.그 북소리가 펑펑 울려 팽성을 얻게 되었다. 하은夏殷시대 그 후예가 팽국彭國을 세워 이 사람을 팽백彭伯이라 하였다. 은나라 중기 팽백이 동쪽 팽산彭山으로 옮겼다가 다시 팽성彭城에 이르러 대팽국大彭國을 세웠다. 이 대팽국이 상나라 무정武丁에게 망하자 그 자손 서손이 나라 이름을 성씨로 삼은 것이다.[69] 팽씨彭氏는 중국 50대성의 하나이다.[70]

69) 작자미상, 임동석역주,『백가성』(3권)(동서문화사, 2010), 189쪽.
70) 팽彭씨는 중국 및 한국의 성씨이다.
한국 팽彭씨의 본관은 용강과 절강 등 8본이 있다. 2000년 기준 인구는 2,825명으로, 한국 성씨 인구 순위 148위이다.

③ 임성任姓

임성은 풍성에서 기원하였다는 설과 희성姬姓에서 기원하였다는 설이 있다.

태호 복희씨는 풍성으로 그 후손은 하나라 때 유잉씨有仍氏라 불렀다. 하나라 임금 소강少康이 유잉씨 부락에서 출생하였다. 다시 상나라 때 이 유잉씨는 임씨로 불렸으며 서주 때까지도 풍성의 이임국은 여전히 존속하여 주周 환공桓王 때 대부 잉숙은 바로 그 후손이다. 그 때문에 잉숙仍叔을 임숙任叔이라고도 표시하는 것이다. 전국시대 이르러 이 임국이 제나라에게 망하자 그 족인이 각지로 흩어지면서 임성任氏를 성으로 한 것이다.[71]

용강 팽씨의 시조 팽적彭逖은 중국 금릉金陵 출신으로 고려 공민왕의 왕비 노국대장공주를 배종하여 들어와 용강백龍岡伯에 봉해졌다. 용강은 현재의 평안남도 룡강군이다. 인구의 대부분이 북한에 밀집해 있다. 남한의 인구는 2000년 기준 795명이다.
절강 팽씨의 시조 팽우덕彭友德은 중국 절강 출신으로 1597년(조선 선조 30년) 정유재란 때 아들 팽신고彭信古와 함께 조선에서 공을 세우고 귀국하였다. 명나라가 망하고 팽신고의 손자가 조선으로 망명하여 오자, 조선 헌종은 선조 팽우덕彭友德 장군의 전공에 보답하는 뜻으로 귀화한 그들에게 진해 소재의 토지를 하사하였다. 2000년 기준 인구는 1,578명이다.
71) 작자미상, 임동석역주,『백가성』, 211쪽.

3. 신농神農

최초의 성씨였던 풍씨의 대가 끊어지고, 현존하는 최고最古의 성씨는 강姜씨가 되었다. 신농이 강수에 살면서 성을 강씨로 삼았는데 이 강씨가 곧 인류 성씨의 기원이다.

(1) 신농은 누구인가

신농은 주로 염제炎帝 신농씨로 불리지만, 염제炎帝와 신농은 때로는 각각 다른 인물로 묘사되기도 한다. 전설에 의하면, 염제와 신농은 원래 별개의 인물이었는데, 후에 『세본』에서 처음으로 그 둘을 한 사람이라고 말하였다. 1993년 호남성 주주시株州市가 주최한 「염제 문화 학술 토론회」에서 중국사회과학원 역사 연구소 연구원 나곤羅琨은 황하 중류 강수姜水 주변에서는 염제炎帝가 장강 유역에서는 신농씨가 각각 농경을 발전시켜 두 지역의 전설과 신화의 대상이 되어오다가 중국 통일국가 시절인 서한西漢 때 이 두 사람이 한 사람으로 통합된 전설로 변했을 가능성을 주장했다.

『산해경山海經』「대황서경大荒西經」에 염제에 대한 내용이 보인다.

호인국이 있다. 영개라는 염제의 손자가 있어 그가 호인

을 낳았다. 그는 하늘에 오르내리길 잘 하였다.[72]

왕념손王念孫은 호인互人이 저인氐人의 잘못이라고 했다. 저인들의 나라는 건목建木의 서쪽에 있으며 그 사람들은 사람의 얼굴에 물고기의 몸을 하고 있어서 발이 없다. 염제炎帝는 자주 신농神農이라는 이름과 함께 불리며 후대에는 농업·의술·상업의 신으로 숭배되었다. 불과 남방南方을 상징하며 적제赤帝라고도 한다. 그러나 원가袁珂의 주석에 따르면 진秦 이전의 기록에서는 염제와 신농을 합쳐서 이야기하지 않았으며 두 신의 존재가 하나로 간주되는 것은 한대漢代 이후의 일이다.

지금 중국도 염제와 신농을 동일 인물로 부르고 있고, 다수의 문헌에서 염제와 신농을 동일하게 강씨의 시조로 보기 때문에 같은 인물로 표현해도 무리가 없다고 본다.

중국의 역사는 같은 중국 안에서도 여러 이론이 없지 않았지만 사마천의 『사기』를 기본삼아 황제黃帝 중심의 역사로 꾸며져 왔다. 그 대신 염제 신농씨 얘기등은 전설로 취급했다.

그런데 황보밀皇甫謐이 쓴 『제왕세기』를 보면 황제黃帝와 염제炎帝는 형제로 아버지는 소전少典이고 어머니는 유교씨의 딸 여등女登으로 임사任姒라고도 했다고 한가계로 정리해 놓고 있다. 이같은 기록들을 들어 오늘날 중국사람들은 염황지손炎皇

72) 有互人之國. 炎帝之孫名曰靈恝, 靈恝生互人, 是能上下于天.(『산해경山海經』「대황서경大荒西經」)

之孫이란 말을 쓰지만 그 동안은 황제 자손은 화하華夏 집안이고 염제 자손은 동이東夷 집안이 되었다고 구분해왔다.

신농씨를 기록하고 있는 최초의 문헌은 좌구명左丘明이 지었다고 하는 『국어國語』로 알려져 있다. 이 책의 「진어晉語」편에는 다음과 같이 기술하고 있다.[73]

옛날에 소전이 유교씨에 장가들어 황제와 염제를 낳았다. 황제는 희수에서 성장하였고, 염제는 강수에서 성장하였는데, 이들은 모두 공을 이루었지만 덕이 달랐기 때문에 황제는 희姬성이 되고, 염제는 강姜성이 되었다. 두 임금이 군대를 동원하여 서로 싸운 것은 덕이 달랐기 때문이다.

이것은 중국 문헌에서 최초로 염제의 탄생을 기록한 사료이다. 여기서 희수姬水는 지금의 섬서성 무공武功 칠수하漆水河를 가리킨다. 강수姜水는 두 가지 설이 있는데, 하나는 기수岐水 즉 지금의 기산현岐山縣과 부풍현扶風縣의 경계를 흐르는 위수渭水의 지류이고, 지금의 섬서성 보계시寶鷄市를 흐르는 위수의 지류인 청강하淸姜河이다. 어떻든 간에 모두 위수의 지류임은 확실하다. 신농은 강수에서 성장하였기 때문에 '강姜'씨성을 갖게 되었다. 위수에서 황하 중류까지는 고대에 강인羌人이 활동

---

73) 昔少典娶于有蟜氏, 生黃帝·炎帝. 黃帝以姬水成, 炎帝以姜水成, 成而異德, 故黃帝爲姬, 炎 帝爲姜, 二帝用師以相濟也, 異德之故也.(『국어國語』「진어4晉語四」)

하던 지역이므로 염제는 고대 강인 씨족 부락의 종신宗神일 가능성이 높다. 신농씨라고 불린 것으로 보아, 그들이 주로 농업에 종사한 씨족이었음을 설명해 준다.

지금까지 대부분의 학자들은 염제가 섬서성 서쪽에 있는 보계寶鷄와 강수姜水 유역에서 발원해서 동으로 남으로 확산된 것으로 보았다. 그리고 어떤 학자들은 호북의 수주隋州에서 북쪽으로 발전했다고 보기도 했다. 서욱생은 '고고학 방면의 재료 및 민간전설 속의 자료를 검토한 결과 염제씨족의 발상지는 섬서성 경내의 위수渭水 상류 일대'라고 하였다.

이 기록에서 보면, 염제와 황제는 모두 소전의 자식으로서 동종同宗 동조同祖의 혈연관계임을 말하고 있다. 사실 이러한 내용은 다른 고문헌에도 수록되어 있다. 예를 들면, 전한 때 가의賈誼의 『신서新書』「익양益壤」편과 「제부정制不定」편 그리고 『옥함산방집일서玉函山房輯佚書』에 집일된 『춘추원명포春秋元命苞』 등에 보인다.

황제는 염제의 형이다. (黃帝者, 炎帝之兄也. 『신서新書』「익양益壤」)

염제는 황제와 부모를 같이 하는 아우이다. (炎帝者, 黃帝同父母弟也. 『신서新書』「제부정制不定」)

소전의 비 안등安登이 자식을 낳았는데, 이 사람이 신농이다. (少典妃安登生子, 是爲神農. 『춘추원명포春秋元命苞』)

신농씨의 아버지 소전少典은 안부련환웅의 신하이자, 유웅국
有熊國의 군주였다.

『태백일사太白逸史』「삼환관경본기」와 「신시본기」에 신농의
가계에 대한 기록이 보인다.

웅씨족에서 갈려 나간 후손 중에 소전이 있었다. 안부련환
웅 말기에 소전이 명을 받고 강수에서 군병을 감독했다. 소전
의 아들 신농은 온갖 풀을 맛보아 약을 만들었다. 후에 열산으
로 이주하여 한낮에 시장을 열어 물건을 교역하게 하였는데,
백성이 이를 매우 편리하게 여겼다.[74]

> 신농은 열산에서 창업을 하였는데, 열산은 열수가 흘러
> 나오는 곳이다. 신농은 소전의 아들이시고, 소전은 소호
> 와 함께 모두 고시씨의 방계 자손이시다.[75]

일부의 역사학자들은 여기서 말하는 소전의 아들이 오늘날의
부자관계를 말하는 것이 아니고, 염제와 황제의 두 씨족이 소전
씨족에서 갈려져 나왔다는 것을 의미하는 것이라고 주장한다.

신농의 아버지 소전은 소호금천과 함께 배달국 고시씨의 방

----

74) 熊氏之所分曰少典 安夫連桓雄之末 少典以命 監兵于姜水 其子神農 嘗百草制藥
後徙列山 日中交易 人多便之, 少典之別派 曰公孫 以不善養獸 流于軒丘 軒轅之屬 皆
其後也.(『太白逸史』, 第4,「三韓管境本紀」)

75) 神農 起於列山 列山 列水所出也 神農少典之子 少典與少皥皆高矢氏之傍支也.(『太
白逸史』「神市本紀」)

계지류라고 했는데, 고시씨는 배달국에서 대대로 우가牛加의 직책에 있으면서 곡식, 즉 농사를 관장하고 있었다. 그런데 여기서 주목해야 할 대목은 신농의 아버지인 소전이 이 고시씨의 먼 후손이라는 것이다. 소전이 고시씨의 방계 지류라면 결국 염제신농 역시 고시씨의 집안이 된다.

『태백일사太白逸史』「신시본기」에 『진역유기震域留記』「신시기神市紀」의 기록을 인용하였다.

『진역유기』「신시기」에 이렇게 기록되어 있다.

환웅천황께서 사람의 거처가 이미 완성되고 만물이 각기 제자리를 얻은 것을 보시고, 고시례高矢禮로 하여금 음식과 양육의 일을 전담하게 하셨다. 이분이 주곡主穀 벼슬을 맡았으나, 당시 씨 뿌리고 거두는 법이 갖추어지지 못하였고 또 불씨가 없어 걱정하였다.

이어서 『진역유기』「신시기」에는 다음과 같이 고시씨가 불을 얻게 되는 과정을 기록하였다.

어느 날 우연히 깊은 산에 들어갔다가, 다만 교목들만 거칠게 떨어져 있는 것이 보였다. 앙상하게 말라 버린 나뭇가지들이 제멋대로 흩어져 어지러이 교차하고 있는 것을 오래도록 침묵하며 말없이 보고 서 있는데 홀연히 큰바람이 숲에 불어 닥치자 오래된 나무줄기가 서로 마찰하며 불꽃을 일으켰다. 불꽃은 번쩍번쩍하고 불길이 잠깐 동안 일어나더니 곧 꺼졌다. 이에 홀연히 깨달은 바가 있어 돌아와 오래된 홰나무 가지를 모아다가 서로 비벼 불을 만들었으나, 다만 완전한 것이 못 되어, 다음날 다시 교목의 숲으로 가서 왔다 갔다 하며 깊이 생각에 잠겨 있는데, 갑자기 한 마리의 호랑이가 크게 울부짖으며 달려들었다. 고시씨는 크게 한 마디 외치면서 돌을 집어 힘껏 던졌으나 겨냥이 틀려서 바위의 한 쪽에 돌이 맞아 번쩍하고 불을 냈다. 마침내 크게 기뻐하며 돌아와 다시 돌을 쳐 불씨를 만들었다. 이로부터 백성들은 음식을 익혀 먹을 수 있게 되었고 쇠를 녹이는 기술도 일어나더니 그 기술도 점차로 진보하게 되었다고 기록되어 있다.

이처럼 대대로 농사에서 나오는 곡식을 관장하는 고시씨의 집안내력 때문에 '고시례'라는 풍속이 생겨나게 된 것인데, 염제신농의 아버지 소전은 그러한 고시씨의 먼 후손으로서 그의 아들인 염제신농 역시 고시씨 집안의 영향을 받았던 것이다.

후한 때의 학자 왕부王符는 유행설의 영향을 받아 쓴 『잠부론潛夫論』에서 이렇게 묘사하였다.

신룡이 머리가 상양常羊에서 나와 임사妊姒에게 접촉하여 적제赤帝 괴외魁隗를 낳았는데, 자신은 염제라 하였고, 세상에서는 신농이라고 하였다.[76]

---

76) 有神龍首出常羊, 感妊姒, 生赤帝魁隗, 身號炎帝, 世號神農.(『잠부론潛夫論』)

『춘추원명포』에서는 이렇게 말하고 있다.

소전의 정비 안등安登이 화양華陽에서 노닐다가 상양산常
羊山에서 신룡의 머리를 접촉하여 신농을 낳았다. [77]

신농이 상양산에서 태어났다는 것은 한대 사람들이 이미 말
하였다. 여기서 화양은 '화산지양華山之陽' 즉 화산의 남쪽을 가
리키는데, 화산은 진령산맥秦嶺山脈의 섬서성 관중關中 지역에
있는 가장 유명한 산봉우리로서 옛사람들이 진령의 대칭으로
사용하던 산이다. 『서경』「우공禹貢」편에 보면, "華陽·黑水惟梁
州화양·흑수유양주"라고 한 바, 이는 진령 남쪽에서 흑수까지가 양
주라는 뜻으로서, 진령으로 양주와 옹주雍州의 경계선으로 삼
았기 때문에 화양은 널리 진령 이남을 가리킨다.
　신농의 출생에 관해서는 황보밀皇甫謐의 『제왕세기帝王世紀』에
조금 더 자세하다.

신농씨는 성이 강이다. 어머니는 임사로서, 유교씨의 딸
이며, 이름은 여등이고, 소전의 비이다. 여등이 화양華陽에
서 놀고 있었는데 신룡이 머리로 여등을 상양常羊에서 접
촉하여 염제를 낳았다.[78]

---

77) 少典妃安登, 遊於華陽, 有神龍首, 感之於常羊, 生神農.(『춘추원명포』)
78) 神農氏, 姜姓也. 母曰任姒, 有喬氏之女, 名女登, 爲少典妃. 游於華陽, 有神龍首感

남북조 때 나온 『금루자金樓子』「흥왕興王」편에도 유사한 기록
이 있다.

> 염제 신농씨는 성이 강이다. 어머니는 여등으로서 소전
> 의 정비이다. 여등이 화양에서 노닐다가 신룡이 여등을
> 접촉해서 염제를 낳았다.[79]

이렇게 볼 때 신농은 임사를 어머니로 하고, 소전을 아버지
로 하여 태어났음을 알 수 있다.

신농의 출생지에 대해서는 아직까지 정론이 없다. 학자들은
대부분 '보계寶雞'나 '수주隨州'를 신농의 출생지로 보고 있다.

먼저 수주를 신농의 출생지로 기록한 문헌을 보면, 후한 때
정현鄭玄은 『예기』를 주석하면서 이렇게 말하였다.

> 여산씨厲山氏는 염제이다. 여산에서 일어났기 때문에 열
> 산씨烈山氏라고도 부른다.[80]

열산씨의 '렬烈'은 고문헌에서 '렬쩌' 또는 '려厲'나 '뢰賴' 등
으로 쓰기도 한다. 문자학의 측면에서 보면, 이들 글자는 고음

女登於常, 生炎帝.(『제왕세기帝王世紀』)

79) 炎帝神農氏, 姜姓也, 母曰女登, 為少典妃. 遊華陽, 有神龍感女登, 生炎帝.(『금루자
金樓子』「흥왕興王」)

80) 厲山氏, 炎帝也. 起於厲山, 或曰烈山氏.(정현鄭玄, 『예기주』)

이 상통한다. 그래서 열산씨烈山氏나 열산씨列山氏, 여산씨厲山氏, 뇌산씨賴山氏 등이 명칭은 다르지만 실제로는 동일한 인물을 지칭하는 것이다.

또한 『국어』 「노어상魯語上」에서도 "여산씨는 염제이다(厲山氏, 炎帝也)"라고 하여 동일한 입장을 취하고 있다. 북위北魏 때 역도원酈道元의 『수경주水經注』와 황보밀의 『제왕세기』 등의 문헌에서는 염제가 '강수에서 성장하였다'고 말하는 동시에 '본래 열산에서 일어나서 또한 때때로 그렇게도 부른다'고 하였다. 이후 당나라 때 와서 이태李泰의 『괄지지括地志』나 이길보李吉甫의 『원화군현지元和郡縣志』이전 사람들의 견해에 근거하여 열산을 탄생지로 보고 있다.

당나라 때 사마정司馬貞이 지은 『사기색은史記索隱』 「보삼황본기補三皇本紀」에서도 기본적으로 같은 입장을 취하고 있다.

신농이 본래 열산에서 태어났기 때문에 『춘추좌씨전』에서는 열산씨의 자식을 주柱라 하였고, 또한 여산씨라고 하였다. 『예기』에서 '여산씨가 천하를 차지하였다'는 말이 바로 이것이다.[81]

그런데 앞에서 신농에 관한 최초의 기록이라고 하는 『국어』 「진어」에서는 염제가 열산씨라는 언급을 하지 않았다. 여기서는 "염제는 강수에서 성장하여 성이 강이 되었다"는 기록만 하고 있을 뿐이다. 또한 같은 책 「진어」편에서 이렇게도 말하였다.

---

81) 神農本起烈山, 故左氏稱烈山氏之子曰柱, 亦曰厲山氏. 『禮』曰: "厲山氏之有天下" 是也.(『사기색은史記索隱』 「보삼황본기補三皇本紀」)

염제는 강수에서 성장하여 강성의 조상이 되었다.[82]

『제왕세기帝王世紀』에서도 같은 입장이다.

신농씨는 강성姜姓이다. 어머니는 임사任姒로서, …… 염
제를 낳았는데. …… 강수에서 성장하였다.[83]

이밖에도 역도원의 『수경주』나 사마정의 「보삼황본기」, 북
송 때 유서劉恕의 『자치통감외기資治通鑑外紀』와 남송 때 정초鄭樵
의 『통지通志』에서도 모두 '강수에서 성장하였다'는 설을 고수
하였다.

『도전』에서는 신농의 아버지와 출생지 그리고 성씨에 대해
다음과 같이 가르치고 있다.

강씨는 인류의 시원 성姓이니 상고시대 동방 배달의 신
농씨神農氏로부터 시작하니라. 신농의 아버지 소전씨少典
氏가 군병 감독의 명을 받고 강수姜水에 살았으니 신농이
그곳에서 태어나 성장하여 성을 강姜씨로 하니라.(『도전』
1:12:2-3)

82) 炎帝以姜水成, 爲姜姓之祖也.(『국어』「진어」)
83) 神農氏, 姜姓也. 母曰任姒, …… 生炎帝,…… 長於姜水.(『제왕세기帝王世紀』)

그러면 신농에게 염제라는 칭호는 무슨 의미를 갖는가?

신농에게 염제炎帝라는 칭호가 붙은 것은 그가 남방의 불[火] 기운으로 제왕이 되었기 때문이다. 이 불[炎;염]은 오행에서 남쪽을 뜻하며, 붉은 색깔로 표현하기 때문에 사방신 가운데 남쪽에 주작朱雀이 있는 것이다. 주작의 '주朱'자는 붉다는 뜻이므로, 주작의 의미는 붉은 새이다. 새는 '해'로도 새김을 했기 때문에 붉은 새, 곧 주작은 '붉은 해'를 의미한다.

약 5천2백 년 전, 8세 안부련환웅 때의 인물인 염제 신농씨는 농사법과 불을 쓰는 방법을 개발하였다. 배달 초기에 불을 발명했던 고시씨의 후손이기도 한 그는 자신이 베푼 화덕火德으로 임금에 추대되어 신농국이라는 나라까지 세웠다.[84] 또한 신농씨는 수백 가지 풀을 직접 맛보아 의약을 개발하였으며, 시장을 열어 교역을 촉진시켰다. 복희씨가 그 기초를 마련한 문명이 신농 때에 이르러 더욱 발전하게 된 것이다.

전설로 여겨온 염제 신농씨 무덤이 호남성湖南省 다릉현茶陵縣(현 염릉현炎陵縣)에 있어서 1993년부터 정화 사업이 진행되고 있다. 이 능 앞에는 967년 송 태조 조광윤이 묘당을 짓고 제사했던 기록이 있다.

염제 신농의 안장지에 관한 최초의 기록은 황보밀이 쓴 『제

---

84) 『태백일사太白逸史』, 제3, 「신시본기神市本紀」에 '신농은 열산에서 일어났는데 열산은 열수가 나오는 곳이다. 신농은 소전의 아들이고 소전은 소호와 함께 모두 고시씨의 방계자손이다.'라고 하였다.

왕세기』에 보인다.

　염제는 120년 동안 재위하고 붕어하여 장사에 안장하였
　다.[85]

　그 후에 『사기색은』「보삼황본기」, 『유자신론』, 『형주도기荊
州圖記』 등에도 '장사에 안장하였다'는 기록이 있다.[86]
　송대 나필羅泌의 『노사路史』에는 신농의 무덤에 대해 좀 더 구
체적으로 기술되어 있다.

　염제가 붕어하여 장사 다릉향의 끝에 안장하여 이를 다
　릉이라고 하였는데, 이른바 천자의 묘이다. [87]

　다릉은 오늘날의 영현酃縣이며, 지금은 염릉현炎陵縣으로 행
정구역명을 바꾸었다.
　지방지인 『영현지酃縣志』에 의하면, 이곳에는 전한 때에 이미
능이 있었는데, 전한 말에 녹림군과 적미군이 일어나자 마을
사람들은 능묘가 파헤쳐질 것을 염려하여 평지로 만들어버렸

----

85) 在位一百二十年而崩, 葬長沙.(『제왕세기帝王世紀』)
86) 처음에 진陳에 도읍을 정하였다가 후에 곡부에 살았다. 1백20년 동안 재위하였다
가 붕어하였으며, 장사에 안장하였다.[初都陳, 後居曲阜. 立一百二十年崩, 葬長沙.(『사
기색은』「보삼황본기補三皇本紀」)]
87) 崩葬長沙茶乡之尾, 是曰茶陵, 所謂天子墓者.(『노사路史』)

다. 당나라 때 불교가 성행하면서 능묘 앞에 사찰을 세웠는데 이것이 당흥사唐興寺이며, 정해진 때에 제사를 올렸다. 염제릉은 송나라 태조 건덕乾德 5년에 세워진 이후 왕조의 흥망에 따라 여러 차례 훼멸되었다가 세워졌다가를 반복하였다.

그러나 일부 학자들은 이곳이 최초의 염제인 신농씨 무덤이 아니고 제8대 염제 유망의 무덤이라고 주장한다.

중국 사람들은 신농과 그의 8세손 유망을 구별하지 않고 그냥 염제 신농이라고 부른다. 그들이 신농이라고 할 때는 시조 신농을 의미할 때가 많다. 유망의 의미로 불릴 때는 치우천왕과 황제와 탁록을 놓고 한판 싸움을 벌일 때일 뿐이다. 그 외에는 거의 대부분이 농사의 신, 약의 신, 차의 신등으로 불리는 시조 신농을 의미한다.

(2) 농법에 관하여

중국 신화에서 신농은 그 이름이 가리키는 바와 같이 농업의 신이다. 때문에 신농은 종종 농사일과 관련되어 언급되곤 한다. 신농은 화덕火德을 가지고 있었기 때문에 염제炎帝라 불리웠다.

전설에 의하면, 그가 갓 태어나자마자 주의에는 저절로 아홉 개의 우물이 생겨 물이 솟아올랐다고 한다. 그 우물은 서로 뚫려 있는 듯, 한 우물의 물을 길으면 나머지 여덟 개의 우물이 출렁거렸다. 그리고 그가 인류에게 오곡의 파종법을 가르치려고 할 무렵 하늘에서 수많은 씨앗이 떨어졌다. 그는 이것을 모아 밭에다 심었는데, 이것이 인류가 먹는 오곡의 시초가 되었다고 한다.

"옛날에는 백성들이 풀을 뜯어먹고 물을 마시며 나무 열매를 따서 먹고 조갯살을 먹어서 때로 질병에 걸리고 독으로 몸이 상하는 해가 종종 있었다. 이에 신농이 마침내 오곡을 파종하도록 비로소 백성들에게 가르치니 토지의 마땅함인 마르고 습하고 비옥하고 메마르고 높고 낮음을 알게 하였다."[88]

『회남자淮南子』에 의하면, 그는 백성들에게 토지의 성질을 판별케 하였고, 그것에 따라서 오곡의 파종법을 가르쳐 주었다. 단순히 심고 뿌리는 것만 가르친 것이 아니라 농사지을 토지의 건조함과 습함, 비옥함과 척박함 등을 관찰하여 백성들에게 알려주었다.

『일주서逸周書』에는 이렇게 묘사하였다.

신농 시대에 하늘에서 곡식이 비처럼 쏟아져 내려 신농이 밭갈이를 하고 곡식의 씨앗을 뿌렸다. 그는 도기를 만

---

88) 古者民茹草飲水, 采樹木之實, 食蠃蚌之肉, 時多疾病毒傷之害. 相土地之宜, 燥濕肥磽高下.(『회남자淮南子』「수무훈修務訓」)

들고 도끼를 불렸으며 나무를 찍고 호미와 쟁기를 만들어 황무지를 개간했다.[89]

『관자管子』「경중무輕重戊」편에는 이렇게 기록하고 있다.

신농이 일어나, 기산淇山의 남쪽에 오곡을 심으니 구주의 백성들이 곡식을 알게 되었으며 천하가 교화되었다.[90]

『여씨춘추呂氏春秋』「개춘開春」편에는 신농의 가르침을 전하고 있다.

신농의 가르침은 이러하였다. "남자가 성년이 되어 경작하지 않으면 천하에 때로 굶주림을 당하는 사람이 있게 되고, 여자가 성년이 되어 길쌈을 하지 않으면 천하에 때로 추위를 겪는 사람들이 있게 된다."[91]

신농의 여러 사적 중에서 사람들에게 가장 알려지고 익숙한 것은 쟁기를 제작하고 오곡을 심은 일이다. 이것이 바로 신농

---

89) 神農之時, 天雨粟, 神農耕而種之, 作陶冶斤斧, 破木爲耜鉏耨, 以墾草莽.(『일주서逸周書』)

90) 神農作樹五穀淇山之陽, 九州之民, 乃知穀食, 而天下化之.(『관자管子』「경중무輕重戊」)

91) 神農之教曰: "士有當年而不耕者, 則天下或受其饑矣; 女有當年而不績者, 則天下或受其寒矣."(『여씨춘추呂氏春秋』「개춘開春」)

씨가 신농으로 불리게 된 원인이다. 신농의 '농'자는 이 위대한 일을 함축적으로 표현한 것이다.

이렇게 신농은 정착생활로 들어간 사람들이 의식주를 해결하기 위해 가장 필요한 농사를 가르쳤다. 신농이 화신火神으로 태양빛을 충분히 보내도록 하여 오곡이 성장할 수 있도록 했기 때문에 이때부터 인류는 의식衣食에 대해 더 이상 걱정할 필요가 없게 되었다. 따라서 인류는 그의 은덕을 기린 나머지 그를 신농神農 즉 농업의 신이라고 불렀다.

(3) 의술과 관련하여

『회남자淮南子』「수무훈脩務訓」편은 이렇게 말하고 있다.

옛날에 백성들이 풀을 뜯어먹고 물을 마시며, 나무의 열매를 채취하고 소라와 방합조개를 먹었는데, 당시에 질병에 걸리고 독으로 몸이 상하는 경우가 많았다. 이에 신농이 마침내 오곡을 파종하도록 비로소 백성들에게 가르치고, 토지의 마땅함인 마르고 습하고 비옥하고 메마르고 높고 낮음을 알게 하였다. 온갖 풀의 맛과 샘물의 달고 씀을 맛보고 백성들에게 피하고 나아갈 바를 알게 하였다. 이 당시, 하루에 70가지 독을 만나기도 했다.[92]

------

92) 古者民茹草飲水, 采樹木之實, 食蠃蚘之肉, 時多疾病毒傷之害. 於是神農乃始教民播種五穀, 相土地之宜, 燥濕肥墝高下, 嘗百草之滋味, 水泉之甘苦, 令民知所避就. 當

신농은 자편이라는 붉은 회초리를 가지고 여러 가지 약초들을 때려서, 약초에 독성이 있는지 없는지, 효능이 어떠한지, 한성寒性인지 열성熱性인지를 판별할 수 있었다. 그는 또 직접 자연 속의 온갖 약초와 독초를 직접 맛보아, 그것들의 효능을 밝혀 사람들을 질병에서 구하였다. 한번은 그가 70여종의 독초를 맛보고 그 독성을 하나하나 제거하였다.

『사기색은』「보삼황본기補三皇本紀」에도 붉은 채찍을 사용했다는 것과 처음으로 의약이 있게 되었음을 밝혔다.

> 그리하여 사제蜡祭를 만들고, 붉은 채찍으로 초목을 때려 처음으로 온갖 풀을 맛보아, 처음으로 의약이 있게 되었다. [93]

이로 볼 때, 신농이 초목을 일일이 맛보고 효능이 뛰어난 약초를 골라내어 사람들의 병을 치료하였다는 사실을 알 수 있다.

후세 사람들이 그의 위대한 공적을 기리기 위하여 신농의 이름을 단 중국 최초의 의학서 『신농본초경神農本草經』에는 신농이 태일소자에게 수명에 관해 가르침을 받은 내용이 기록되어 있다.

此之時, 一日而遇七十毒.(『회남자淮南子』「수무훈脩務訓」)
93) 於是作蜡祭, 以赭鞭鞭草木, 始嘗百草, 始有醫藥.(『사기색은』「보삼황본기補三皇本紀」)

이렇게 사람들을 치료하기 위해 각종 풀에 있는 약의 효능을 구별하던 신농은 온갖 풀들을 다 먹어보았는데, 극독이 있는 단장초斷腸草를 맛보다가 중독되어 죽음에 이르게 되었다.

위에서 살펴본 바와 같이, 신농의 의약사에 끼친 공덕은 위대하며, 그 유적도 전설과 함께 내려오고 있다. 즉 산서성山西省 태원현太原縣의 부강釜岡에는 아직도 그가 약을 맛보았다고 하는 전설상의 솥이 남아있으며 성양산成陽山에는 그가 약초를 채찍질했다고 하는 곳이 있다. 그래서 그 산을 '신농원약초산神農原藥草山'이라고 부른다.

(4) 신농의 후손

중국에서 보계 및 강씨의 족보를 연구하는 연구자들에 따르면, 신농의 후예로 8대의 임금이 대를 이었다고 밝혔다. 신농의 계보는 북송 때 유서劉恕의 『자치통감외기資治通鑒外紀』에 "제1대 염제신농炎帝神農부터 시작하여 2대 제괴帝魁, 3대 제승帝承, 4대 제명帝明, 5대 제직帝直, 6대 제리帝釐, 7대 제애帝哀, 8대 제유망帝榆岡까지 426년이 신농의 나라가 존속한 기간이다. 신농이라는 호를 부르기 시작한 것은 임괴臨魁(제2대 제괴)로부터 유망 사이다."라고 기록되어 있다.

남송 때에 나온 정초鄭樵의 『통지通志』에 보면 전승 관계가 명확하다. 이를 차례대로 쓰면 다음과 같다.

제1세 염제신농炎帝神農 재위 120년 혹 140년

제2세 임괴臨魁 재위 80년(혹은 60년)

제3세 승承 재위 60년(혹은 6년, 임괴 앞에 승이 놓인 문헌도 있음)

제4세 명明 재위 49년

제5세 직直 재위 45년

제6세 리厘 재위 48년

제7세 애哀 재위 43년

제8세 유망楡罔 재위 50년

중국의 강씨는 모두 관향을 천수天水로 쓰다가 수천 년 내려오면서 분파되어 운남雲南, 광동廣東, 산서山西, 니연尼淵, 유이維夷 등으로 갈라졌다.

『사기색은』「보삼황본기」에서는 신농의 후예들에 대해 이렇게 설명하였다.

그 후에 주州·보甫·감甘·허許·희戱·노露·제齊·기紀·이怡·상向·신申·여呂 등이 있는데 모두 강성의 후손들이다. 모두 제후가 되었고, 어떤 이는 사악四嶽을 나누어 관장하였다. 주 왕조 때에 보후甫侯와 신백申伯은 왕과 현상賢相이 되었고, 제齊와 허許는 제후가 되어 중국을 제패하였다. 대개 성인의 덕택이 넓고 컸기 때문에 그 후손들이 번창

하고 장구한 것이리라.[94]

『중국고금성씨사전中國古今姓氏辭典』에는 약간의 차이가 있는
데, "신농은 강수에 살았기 때문에 이로써 성이 되었다. 염제
는 강수에서 낳았기 때문에 씨칭이 되었다. 신농이 강수에 살
면서 이로써 성이 생겼다. 그 후로 제濟, 보甫, 신申, 여呂, 기紀,
허許, 향向, 예芮씨가 생겼다. 그는 열두 아들을 두었는데, 이 열
두 아들이 오午씨, 병丙씨, 적赤씨, 신信씨, 정井씨, 기箕씨, 감甘
씨가 되었다."고 설명하고 있다.

당 나라 때 영호덕분令狐德棻이 편찬한 『주서周書』「문제文帝
(상)」편에 보면, 북주北周의 태조 우문태宇文泰가 신농씨의 후예
임을 밝히고 있다.

태조문황제의 성은 우문씨요, 휘는 태이고, 자는 흑달黑
獺이며 대대로 무천武川 사람이다. 그의 선조는 염제신농
씨로부터 나왔으며, 황제에게 멸망당해 자손들이 북방의
황야에 은거하였다.[95]

『신당서新唐書』「재상세계宰相世系」에서도 우문씨가 흉노 출신

---

94) 其後有州·甫·甘·許·戲·露·齊·紀·怡·向·申·呂, 皆姜姓之後胤. 並爲諸侯, 或分掌四
嶽. 當周室, 甫侯·申伯爲王·賢相, 齊·許列爲諸侯, 霸於中國. 蓋聖人德澤廣大, 故其祚
胤繁昌久長雲.(『사기색은』「보삼황본기」)
95) 太祖文皇帝姓宇文氏, 諱泰, 字黑獺, 代武川人也. 其先出自炎帝神農氏, 爲黃帝所
滅, 子孫遯居朔野.(『주서周書』「문제文帝(상)」)

이며 멀리 신농의 후손임을 밝히고 있다.

우문씨는 흉노 남선우의 후예이다. 갈오토葛烏菟가 선비
의 군장이었는데, 대대로 대인을 이었고, 보회普迴에 이
르러서 옥새를 얻어 스스로 하늘이 하사하였다고 여겼으
며, 세속에서 '천자天子'를 '우문宇文'이라고 하므로 우문
씨라고 호칭하였다. 어떤 사람은 신농씨가 황제에게 멸
망당해 자손들이 북방에 은거하였다고 말하였다. 선비는
속어로 '풀'을 '사분俟汾'이라고 부르는데, 신농에게 풀을
맛 본 공이 있기 때문에 사분씨俟汾氏라고 자호하였는데,
그 후에 독음이 잘못 되어 우문씨가 되었다. [96]

이 기록들을 보면, 신농의 후예인 흉노와 북주의 우문씨가
모두 같은 혈맥으로 동이족임을 알 수 있다.
신농은 강성姜姓으로, 이 강성은 풍성이 사라진 후 인류 최
초의 성이 되었다. 강姜에서 분화한 성씨가 여呂, 허許, 사謝,
고高, 국國, 노盧, 최崔, 정丁, 문文, 신申 등 모두 102개나 된다
고 한다.

----

96) 宇文氏出自匈奴南單于之裔. 有葛烏菟爲鮮卑君長, 世襲大人, 至普迴, 因獵得玉璽,
自以爲天授也, 俗謂 '天子'爲 '宇文', 因號宇文氏. 或云神農氏爲黃帝所滅, 子孫遁居北
方. 鮮卑俗呼'草'爲'俟汾', 以神農有嘗草之功, 因自號俟汾氏, 其後音訛遂爲宇文氏.(『신
당서新唐書』「재상세계宰相世系」)

① 강성姜姓

신농씨가 섬서陝西 기산의 서쪽 강수 물가에서 태어나 그 때문에 강씨라 하였다. 제요시대의 사악四岳과 공공共工은 모두가 염제의 후예들이다. 염제의 후손인 백익이 대우의 치수를 도와 공을 세워, 여呂 땅에 봉해지면서 동시에 강씨성을 하사받아 염제의 제사를 모시게 되었다. 서주 때에 염제로부터 시작된 강씨성의 후예들은 제齊, 여呂, 허許, 신申, 기紀 등의 십여 나라가 있었으며, 그 중 제나라가 가장 강성하였다. 전국 중기, 강씨의 제나라가 전씨에게 넘어가자, 그 자손들이 사방으로 흩어지면서 일부 사람들은 나라 이름을 취하여 제씨라 하기도 하였고, 일부는 강씨로 칭하였다.[97) 강성姜姓의 나라는 선진문헌중에 제齊, 허許, 신申, 여呂, 향向, 기紀 등이 있다.[98)

② 노성盧姓

춘추 초 제문왕齊文公의 증손 혜侯가 제나라 정경正卿이 되어 노읍盧邑을 봉지로 받았다. 그 자손이 읍 이름을 성씨로 삼은 것이다. 그런데 강씨제姜氏齊가 전씨제田氏齊로 바뀌자, 노성을 가진 자들이 북쪽으로 흩어졌다가 진나라 때 박사 노오盧敖가 탁군涿郡에 정착하여 탁군노씨가 되었다. 그리고 삼국시대 탁군이 범양范陽으로 지명이 바뀌어 범양노씨라 불렸다.

---

97) 작자미상, 임동석역주, 『백가성』(3권)(동서문화사, 2010), 160쪽.
98) 張淑一, 『先秦姓氏制度考索』(福建人民出版社, 2008), 44쪽.

③ 허성許姓

주 무왕이 은을 멸한 다음 염제의 후손 강문숙姜文叔이 허許에 봉해져서 허후許侯라 불렸다. 그러나 이 나라가 정鄭, 초楚 사이에 고통을 당하여 지금의 하남河南 노산魯山 남쪽으로 이주하였다. 이 허許나라는 결국 초나라에 망하자 그 족인이 나라 이름을 성으로 삼은 것이다.

④ 여성呂姓

염제 신농씨의 후예 백익伯益이 우禹의 치수 사업에 공을 세워 여呂에 봉을 받아 여후呂后라 하였으며 여성呂姓을 하사받았다. 그 후손이 나라 이름을 성씨로 삼은 것이다. 서주 초 여후가 입조하여 주나라 사구司寇가 되었으며 주 선조 때 여국呂國의 이름을 보국甫國으로 바꾸고 여씨의 한 지파를 대신 하남 신채新蔡에 봉하여 東呂라 불렀다. 춘추 초 동려東呂가 송나라에게 망하였고, 춘추 중기에는 보국甫國도 초문왕에게 망하고 말았다. 이 두나라 자손이 나라가 망한 뒤 나라 이름을 성씨로 삼았던 것이다.

⑤ 사성謝姓

서주 선왕宣王이 사謝나라를 멸망시키고 나서, 그 곳에 외삼촌이며 염제의 후손인 신백申伯을 봉하여 사성謝城을 신申나라 도성으로 하였다. 기원전 688년 초문왕이 신申나라를 멸망시키고 사읍謝邑을 병탄하자, 신백申伯의 후예들이 자신들이 거주했던 고을 이름을 성으로 삼은 것이니 이들이 바로 강씨에서 근원을 둔 사씨이다. 이들 강성의 사씨는 현대 사씨 중 가장 주된 성분이다.

⑥ 국성國姓

춘추시대 제나라 상경上卿으로 국귀보國歸父가 있었는데, 그 후손이 국國자를 성으로 삼았다.

(5) 신농의 후손-치우

『통지』「씨족략」에 "치씨는 치우의 후예"라고 하였고, 어떤 사람은 "창힐은 고신과 더불어 역시 모두 치우씨의 후예이다. 대극성에 태어나 산동, 회수 북쪽에 옮겨 살았다"라고 하였다.

또한 『태백일사』「신시본기」에 "옛날 여상 역시 치우의 후손이다. 그래서 성이 강인데, 치우가 강수에 살면서 낳은 아들이 모두 강씨가 되었다."[99]라고 치우가 강씨로 신농의 후손임을 밝히고 있다.

치우는 동이의 조상으로 그 의미가 있지만 성씨의 계보를 이해하는 데도 매우 중요한 인물이다. 이 글에서는 치우에 대

---

99) 昔呂尙, 亦蚩尤氏之後. 故亦姓姜, 盖蚩尤, 居姜水而有子者, 皆爲姜氏也.(『태백일사』「신시본기」)

한 다양한 자료를 통해 그에 대해 좀더 깊이 알아보겠다.

① 『환단고기』속의 치우

14세 자오지천황(치우천황)은 약 4천7백 년 전 요서를 넘어 산동성과 그 주변은 물론 서쪽의 탁록에까지 진출하여 배달의 광활한 영토를 개척한 성웅聖雄이다. 치우천황의 재위 초기, 신농국이 8대 유망楡罔에 이르러 쇠퇴의 길을 걷자, 서방으로 출정하여 지금의 산동성, 강소성, 안휘성을 배달의 영내로 흡수하였다. 그런데 이 틈을 타 서토 지역의 일개 제후였던 헌원이 치우천황을 밀어내고 동북아의 천자가 되려고 일어났다. 이에 급히 말머리를 돌려 돌아온 치우천황은, 탁록 벌판에서 헌원의 군대와 맞서 10년 동안 73회의 접전을 치루어 마침내 헌원을 굴복시키고 제후로 삼았다. 나아가 넓어진 강역을 다스리기 위해 도읍을 백두산 신시에서 서토에 가까운 청구靑邱(지금의 대릉하 유역)[100]로 옮겨 배달의 새 시대를 열었다.

이름만 들어도 간담이 서늘해질 정도로 법력과 위용을 떨친 치우는 배달 이후 수천 년 동안 한민족은 물론 중국 백성들에게까지 숭배와 추앙의 대상이었다. 그래서 진한시대 중국인들은 해마다 시월이면 치우천황에게 제사를 지냈는데, 그때마다

----

100) 중국 고지리서 『산해경』「해외동경海外東經」 편에 보면, "조양곡朝陽谷에 살고 있는 신령을 천오天吳라 한다. 청구국青丘國은 그 북쪽에 있다"고 한다. 조양곡이란 지금의 조양으로, 대릉하의 북쪽이다. 이에 청구국의 위치를 대릉하 유역으로 추정한다.

'붉은 기운[蚩尤旗]'이 그의 능에서 하늘로 뻗쳤다고 한다. 이에 대한 기록은 『태백일사』, 『규원사화』 등의 국내 사서만이 아니라, 『사기』「천관서」, 『사기집해』 등의 중국 기록에도 나타난다.

치우천황은 중국 백성들만이 아니라 중국 황제들도 숭상하였다. 초한전으로 유명한 한고조 유방은 치우천황 전각을 지어 제사를 지내고 싸움에 나가, 진秦의 수도 함양을 평정하였다. 4년 후 진나라 땅을 완전히 평정하였을 때, 그는 장안長安(지금의 서안西安)에 치우의 사당까지 지어 치우천황을 돈독히 공경하였다.

② 한중사서의 치우기록

치우에 관한 한국측 사서로는 『환단고기』 외에 『삼국사기三國史記』, 『고려사高麗史』, 『규원사화揆園史話』, 『연려실기술燃藜室記述』, 『동사강목東史綱目』 등이 있다.

『삼국사기』와 『고려사』에는 '치우기蚩尤旗'가 나타났다는 간단한 기록만 3회 나타나고, 『제왕운기』, 『연려실기술』, 『청장관전서』, 『대동야승』, 『동사강목』, 『성호사설』, 『미수기언』 등에 치우기 발견을 포함하여 중국 기록을 보고 인용한 내용이 간단하게 모두 17항목에서 나타난다.

그러나 『환단고기』에는 자세한 내용을 포함하여 31항목(尤 또는 治尤, 雉羽 제외)이나 나오며, 『규원사화』에는 23항목이 나오는데 『환단고기』와 똑같은 내용을 실은 것도 제법 된다. 그리고 치우천황이 배달국 14대 임금(재위 109년, BCE 2707- BCE 2598)이며 황제와 치우가 패권다툼을 벌이게 된 경위, 치우가 만들었다는 무기의 종류와 전투방법, 10년간 73회나 치렀다는 주요전투의 내용, 염제 휘하의 한 군장이었다가 난을 평정하는 과정에서 염제로 등극하는 과정, 쇠를 캐 제련하는 과정 등이 상세히 기술되어 있다.

『환단고기』와 『규원사화』에서 치우에 관한 기록을 보면,

배달국 신시시대 말기에 치우천황이 계시어 청구를 널리 개척하셨다.[101]

다시 몇 세를 내려와 14세 자오지환웅이 계셨는데, 이분은 신이한 용맹이 매우 뛰어났다. 구리와 철로 투구를 만들어 쓰고 능히 큰 안개를 일으키며, 구치를 제작하여 광석을 캐내고 철을 주조하여 무기를 만드시니 천하가 크게 두려워하였다.[102]

신시씨가 임금이 되어 신神으로서 가르침을 베풀며, 타고난 떳떳한 성품을 보존케하고 두루 보살펴 배불리 먹이고 양육하며 무성하게 불어남을 모두 받아들이니, 천하의 백성과 사물은 이로서 번성하게 되었다. 그러나 이 때

----

101) 神市之季, 有治尤天王, 恢拓靑邱.(『삼성기』상)
102) 又數傳而有慈烏支桓雄, 神勇冠絶, 以銅頭鐵額, 能作大霧, 造九冶而採鑛, 鑄鐵作兵, 天下 大畏之, 世號爲蚩尤天王.(『삼성기』하)

는 개벽한 지 아직 멀지 않은 때인지라, 곳곳에 초목이 무성하고 날짐승이며 들짐승이 어지러이 섞여 있어 사람들의 괴로움이 매우 심하였고, 더욱이 사나운 짐승과 독충들도 때를 가리지 않고 다투었기에 사람들의 피해 또한 적지 않았다.

신시씨는 곧 치우씨蚩尤氏에게 명하여 이를 다스리게 하였다. 치우씨는 진실로 만고에 있어 강인하고 용맹함의 조상이 되니, 천지를 움직여 휘두르는 힘과 바람·번개·구름·안개를 부리는 능력을 지니고 있었으며, 또한 칼·창·큰도끼·긴창 등을 만들어 이로서 초목과 금수며 벌레와 물고기의 무리를 다스렸다. 이에 초목이 차츰 걷히고 금수와 벌레며 물고기들이 깊은 산 속이나 큰 못 속으로 피하여 달아나 숨어 버려서 다시는 백성들이 살아가는데 해악이 되지 않았다. 이로서 치우씨는 대대로 병기 만드는 일을 맡았으며, 항시 나라 안을 편안하게 안정시키고 적을 토벌하는 일을 조금도 게을리 하지 않았다.[103]

고시씨 역시 대대로 곡식을 주관하는 직책을 맡았으며, 후세에 치우씨·고시씨·신지씨의 후예들이 가장 번창하

---

103) 神市氏旣爲君長, 以神設敎, 存其彜性, 周護飽養, 聽其繁衍, 天下民物, 於是漸盛. 但此時, 開闢不遠, 隨處草木荒茂鳥獸雜處, 人民艱困殊甚, 且猛獸. 毒蟲不時衝動, 人民被害不少. 神市氏, 卽命蚩尤氏治之. 蚩尤氏, 實爲萬古强勇之(租)[祖], 有旋乾轉坤之力, 驅使風.雷.雲.霧之能, 又造刀.戟.大弩.巨斧.長槍, 以之而治草木,禽獸.蟲魚之屬. 於是草木開除, 禽獸蟲魚, 僻處深山大澤, 不復爲民生之害矣. 是以, 蚩尤氏世掌兵戎制作之職, 時常鎭國討敵, 未嘗少懈.(『揆園史話』二 太始紀)

여 융성하였다. 치우씨의 부족은 서남의 땅에 자리를 잡
았고, 신지씨의 부족은 북동의 땅에 많이 정착하였는데,
오로지 고시씨의 후예들만이 동남쪽에 넓게 거처하다가
더욱더 이동하여 변진辰弁의 뭇 부족들이 되었으니, 후에
삼한이라 일컬어지는 것은 모두 그의 후손들이다.[104]

치우에 대해서는 중국 기록에 많이 남아 있다. 그에 관한 최
초의 기록은 『서경書經』「여형편呂刑篇」[105]에 보인다. "예로부터
내려오는 교훈에 치우가 오직 처음으로 난을 일으켰다고 하였
다."라고 치우가 황제에 대항하여 난을 일으켰다고 기록하였
다.

중국측 사서 가운데 치우에 대해서는 사마천의 『사기』「오제
본기」에 비교적 자세히 서술되어 있다. 사마천은 「오제본기」
에서 헌원과 치우 사이에 벌어진 탁록대전을 다음과 같이 서
술하였다. "치우가 난을 일으키며 황제의 명을 듣지 않자, 이
에 황제는 제후들로 군대를 징집하여 탁록의 들에서 싸워 드
디어 치우를 사로잡아 죽였다". 이 기록의 핵심은 '금살치우禽
殺蚩尤(치우를 사로잡아 죽였다)', 이 네 글자이다.

이렇게 사마천은 헌원을 중심으로 역사를 서술하면서 치우

---

104) 高矢氏, 亦世掌主穀之職, 而後世蚩尤·高矢·神誌之苗裔, 繁衍最盛. 蚩尤氏之族,
則占居西南之地, 神誌氏之族, 則繁殖於北東之地, 獨高矢氏後裔, 廣處東南, 轉流爲辰
弁諸族, 後之所謂三韓者, 皆其孫也.(『揆園史話』二 太始紀)
105) 若古有訓, 蚩尤惟始作亂, 彼之畏威, 而世傳其訓, 亦甚明矣(『尙書』「呂刑」)

에 대해 왜곡된 기록을 하였다. 그 후 『한서漢書』, 『후한서後漢書』, 『삼국지三國志』, 『진서晉書』, 『송서宋書』, 『양서梁書』, 『진서陳書』, 『북제서北齊書』, 『주서周書』, 『수서隋書』, 『구당서舊唐書』, 『신당서新唐書』, 『송서宋史』, 『명사明史』, 『청사고淸史稿』 등의 정사와 『장자莊子』, 『한비자韓非子』, 『여씨춘추呂氏春秋』, 『관자管子』, 『포박자抱朴子』, 『일주서逸周書』, 『태평어람太平御覽』 등 제자백가서에 치우에 대한 기록이 보인다.[106]

『장자莊子』에는 신농과 비교하여 황제를 비판하며, 치우와의 탁록전을 예로 들었다.

신농의 시대에는 안락하게 누워자고 일어나면 유유자적하였다. 백성들은 어미는 알고 아비는 몰랐다. 고라니와 사슴들과 함께 거하고, 농사지어 먹고 길쌈해서 입고, 서로 해치려는 마음이 없었다. 이것이 지극한 덕의 융성함이다. 그러나 황제는 지극한 덕을 다하지 못하여 치우와 탁록에서 싸워 흘린 피가 백리사방을 물들였다.[107]

그렇다면 치우와 헌원의 관계에 대한 진실은 무엇일까? 한

---

106) 오정윤, 「치우에 관한 한·중 기록의 분석」 『치우연구』 창간호, 치우학회, 2001, 64-71쪽.

107) 神農之世, 臥則居居, 起則于于, 民知其母, 不知其父, 與麋鹿共處, 耕而食, 織而衣, 無有 相害之心, 此至德之隆也. 然而黃帝不能致德, 與蚩尤戰於涿鹿之野, 流血百里.(『莊子』雜篇 盜跖)

족漢族의 우두머리였던 헌원이 치우를 꺾고 대신 천자가 되려는 욕심으로 군사를 일으켰다. 그러자 치우천황이 10년 전쟁 끝에 탁록대전에서 그의 무릎을 꿇리고 제후로 삼은 것이 사건의 진실이다. 사마천이 서술한 '금살치우'라는 대목은 역사적 사실을 정반대로 기록한 것이다.

오늘날 중국의 역사학자들은 상고시대 동북아시아에는 화하족華夏族(또는 한족漢族), 동이족東夷族, 묘만족苗蠻族 등 3개의 부족집단이 있었다고 본다. 중국사 연구가들에 따르면 화하족은 지금의 섬서성 황토고원을 중심으로 묘만족은 지금의 중국 남부를 중심으로, 그리고 동이족은 지금의 산동성 일대에 거주하고 있었다.

상고시대에 대한 중국 학자들의 견해 대부분은 치우=묘족의 지도자였다는 것이다. 그러나 서욱생 교수는 1940년대 이 견해가 틀렸다고 주장했다. 그가 발간한 『중국고대사적 전통시대』란 책에 치우는 남방 묘만족의 영수가 아니라 동이족의 영수라고 주장했다.

서욱생 주장 근거는 우선 산동성에 있었던 제齊나라에서 치우가 팔신八神 중의 하나로 존숭되었다는 점이다. 산동성은 동이족의 거주지였다.

또한 전설에 따르면 황제는 치우를 죽인 뒤 시신을 쪼개어 매장하는데, 그 무덤이라는 치우총과 견비총(치우의 어깨와 넓적다리)이 각각 산동성의 동평현과 거야현에 있다는 것이다. 이와 관련, 이덕일씨는 "남방의 묘만족이 북쪽의 산동성까지 올라가 없으니까 산동성에 치우의 무덤이 있다면 그는 묘만족이 아니라 동이족이라는 의미"라고 설명했다.[108]

서교수가 치우를 동이족으로 보는 또 다른 근거는 치우가 '구려九黎족의 대표'라는『서경書經』,『사기史記』 등의 기록이다. 구려족의 거주지는 산동, 하남, 하북성 등으로 동이족의 거주지와 일치하기 때문이다.

③ 치우의 중국에서의 위상

배달국의 역사를 개척한 치우천황이지만, 그의 활동영역이 대부분 현재의 중국 땅인데다 국내 문헌사료의 부족 등을 이유로 국내 학계는 치우 연구를 소홀히했고, 아예 중국 고대의 신화인물로 치부하고 있다. 반면 중국측은 몇 년 전부터 "치우는 묘족의 선조일 뿐 아니라 황제, 염제와 더불어 중화민족 역사의 3대 인문시조人文始祖"라고 주장하고 치우 복원에 박차를 가하고 있다. 치우가 중국의 조상이라면 그가 다스린 '구려'와 그 후신인 고구려는 자연스럽게 중국 역사에 편입되고, 치우의 영역과 법통을 이어받은 고조선 역사마저 중국에 귀속될 것이다.

전통적으로 중국인들은 삼황오제三皇五帝를 신화적 존재로 보았고, 하우夏禹부터 실존 역사로 취급했다. 황제의 자손인 하

---

108) 이덕일, 『우리 역사의 수수께끼』 3권(서울: 김영사, 2004), 28-31쪽 참조.

우를 그들의 조상으로 받들면서 스스로를 화하족이라 불렀다. 그 외에 염제의 후손인 동이족과 치우의 후손인 묘만족은 오랑캐라며 야만족 취급을 했다.

중국에서는 유적유물의 발굴작업이 진행될수록 황하문명을 비롯해 선진先秦 문명의 주인공이 그동안 오랑캐라 비하하던 동이족임이 드러나고 있었다. 한자를 비롯해 우수하다고 알려진 많은 중국문화가 한족의 문화가 아니라는 연구도 속속 나옴에 따라 황제의 자손인 것만 강조해서는 더 이상 정통성을 인정받기 어려운 상태가 된 것이다.

하북성 탁록현에는 '귀근원歸根苑'이란 이름으로 조성된 거대한 성역화구역 중앙에 건립된 중화삼조당中華三祖堂이 있다. 삼조당에는 중앙에 황제상黃帝像이 있고 그 오른 쪽에 신농상神農像, 왼쪽에 치우상蚩尤像이 나란히 모셔져 있고, 벽에는 탁록전투 묘사도가 벽화로 그려져 있다고 한다.

1990년대에 들어서면서 중국에서는 '염·황·치' 삼조를 모시려는 움직임이 본격화되기 시작하여, 이어 탁록삼황삼조문화학술토론회가 열리고, 1995년에 귀근원을 만들면서 삼조문화가 전국적으로 퍼져나갔으며, 후속 연구도 활발했다.

1995년 9월 '탁록삼황삼조문화학술연구토론회'를 개최하면서 '삼조문화'가 중국 전국에 소개되고 중국민족문명의 근원적 명제로 널리 사회적 관심을 끌게 되어 국내외에서 열렬한 반응을 보였다고 한다.

그들은 삼조문화가 다음 세 가지 의미를 지녔다고 주장한다.

(a) 중화민족의 문명을 시작한 시조는 염제, 황제 뿐만 이니라 치우를 포함한 셋이다.

(b) 중화민족의 문명을 창시한 염제, 황제, 치우 삼조가 그들이 있는 곳에 대표적인 마을과 마을 연맹공동체를 만들었다.

(c) 염제, 황제, 치우 삼조는 처음으로 중화문명을 이룩하였는데 그 발자취가 전국 대부분 지역에 남아 있으며 그 중 가장 구체적이고 결정적인 사건이 탁록전쟁으로 마무리 되었다.

그러니까 중국 사람들은 중국 역사가 시작된 이래 1980년대 초까지는 그들(선조들)을 기록한 역사서를 통해서 한결같이 유일 조상 '황제의 자손(黃帝之孫)'이라고 하여 왔는데, 1980년대 말부터 황제헌원과 함께 염제신농을 추가하여 '염제와 황제의 자손(炎黃之孫)'이라 바꾸더니, 1990년대에 들어와서 치우까지 그들의 조상에 추가하여 '염제, 황제, 치우 삼조의 자손(炎黃蚩之孫)'이라고 그들의 조상을 바꾸고 있는 것이다.

중국인들이 치우를 조상이라 주장하고 삼조당을 지어 염제, 황제와 함께 치우의 석상을 만들어 모시며 떠받드는 이유는 소수민족을 끌어안는 동화정책의 일환이며, 한반도의 남북통일시 생길 수 있는 국경문제에 대비하고, 문화유적의 관광자원화를 통한 경제발전을 추구하는 실리적 목적이라고 짐작할

중화삼조당

중화삼조당 내 치우천자 벽화

수도 있다. 그러나 좀 더 깊이 들여보면 고구려는 물론 고조선을 포함하는 동이와 관련된 모든 역사를 하나의 중국사로 끌어가려는 논리로서, 패권주의인 중화사상의 부활을 예고하는 것이라 하겠다.

또한 고대 황하문화와 중국역사를 확보하려는 '장기 전략적 포석'일 것이라는 점이다. 고고학의 발달로 중국대륙과 동아시아에서 발굴되는 유물들로 인하여 고대 황하문하의 주인에 대한 베일이 점차 벗어지면서 지금까지 그들의 조상으로 생각해 온 하화족 보다는 동이족이 더 크게 기여 하였다는 것이 사실로 나타날 것에 대비하여 치우와 그 족속(진시황의 중국 통일로 하화족에 동화된 동이족)을 중국 민족으로 흡수해 두려는 것이다.

(6) 신농의 후손-강상姜尙

신농의 대표적인 후손으로 강태공이 있다.[109] 그의 성姓은 강姜씨이고 이름은 아牙인데 그를 존칭하여 자아子牙라고 불렀다. 본명은 강상姜尙으로, 그의 선조가 여呂나라에 봉하여졌으므로

----

109) 신농부터 강상까지의 계보 : 시조염제괴괴始祖炎帝魁傀-제임괴帝臨魁-제승帝承-제명帝明-제직帝直-제리帝厘-제애帝哀-제유망帝楡罔-뇌雷-공공共工-구용句龍-신信-과부夸父-수수垂-백이伯夷-선용先龍-현저玄氏-왕선王宣-왕정王定-왕회王懷-왕항王恒-왕주王宙-왕선王禪-왕계王啓-왕괴王勖-왕정王正-지도志道-조영祖榮-두성杜成-제공濟公-임일林一-승선承先-영榮-영화永和-우선禹宣-형거衡車-해복海復-조갑祖甲-이무二懋-정이正二-심성心成-원일元一-중조仲調-훈원訓元-선이先二-사회司會-휘전輝前-공윤公倫-예중豫仲-상尙(태공太公)

여상呂尙이라 불렸고, 속칭 강태공으로 알려져 있다. 『여씨춘추呂氏春秋』 14권에는 "태공망太公望은 동이지사東夷之士이다"라는 기록이 있다.

『사기』「제태공세가齊太公世家」에 이르기를 태공망 여상은 동해상의 사람이라 그 선조는 일찍이 사악四嶽이 되어 우禹를 보좌하여 치수하는데 공이 있어 하우夏虞의 때에 여呂 혹은 신申에 봉해졌으니 성은 강씨였다. 『상서』「요전堯典」에는 질종秩宗으로 순舜을 보좌했다고 나오는 백이伯夷가 곧 강姜씨 성인 신농의 후예이며 여상은 곧 백이의 후예라 나온다.

주나라 문왕文王의 초빙을 받아 그의 스승이 되었고, 무왕武王을 도와 은殷나라 주왕紂王을 멸망시켜 천하를 평정하였으며, 그 공으로 제齊나라에 봉함을 받아 그 시조가 되었다. 즉 그는 상주혁명기商周革命期 주나라의 군사가 되어 상나라를 멸하고 주나라의 패권을 세우는데에 가장 크게 공헌한 전략가이자 사상가이다.

강상과 주 문왕의 만남은 역사의 선택이었다. 『여씨춘추』에 따르면 강상은 "한 시대를 다스리고자 했으나 주인을 못 만나고 있다가 문왕이 어질다는 소리를 듣고는 일부러 위수에 낚싯줄을 드리워놓고 살폈다"고 한다. 『사기』는 강상이 늙은 나이에도 불구하고 낚시로 주 서백(문왕)에 접근하려 했다고 기록했다.

두 사람은 낚시에서 나라를 다스리는 것으로 화제를 바꾸었고, 대화는 물고기가 물을 만난 듯 활기에 넘쳤다. 두 사람은 단번에 의기투합했다. 문왕은 자신의 선조 고공단보가 언젠가 성인이 주나라를 도와 강성하게 만들 것이라는 예언을 남겼다면서 "우리가 태공 선생을 기다린 지 오래입니다"라며 감격스러워했다. 그러고는 여상을 '태공망'으로 높여 부르면서 함께 수레를 타고 돌아와 사師에 임명했다. 사마천은 이런저런 전설을 거론한 다음, 전설에 따라 여상이 주를 섬기게 된 경위는 다 다르지만 그 요점은 그가 주 문왕과 무왕의 사가 되었다는 데 있다고 지적했다.

태공망은 무왕이 아버지 문왕의 뒤를 이어 제후들의 도움을 받아 목야牧野 전투에서 주紂왕을 격파하고 주나라의 패권을 세우는 데에 절대적인 기여를 한 후 중국 동부 지방을 분봉받아 제齊나라의 군주가 되었다. 그는 상공업을 일으키고 어업을 장려함으로써 부강한 국가의 기틀을 닦은 것은 물론이고 특히

강태공후예성씨원류고(장소 : 임치臨淄 강태공사당)

자신의 민족인 강족 이외에도 이민족들을 흡수함으로써 '다민족 국가'를 건설했다.

그 후 태공은 점차 영토를 넓혀 처음 받았던 봉토 100리가 5,000리가 되어 그 후손인 환공桓公이 뒷날 밝은 정치를 펴 제후諸侯들을 통수統帥하게 되기까지의 길을 트게 한 것이다. 이리하여 태공망太公望의 후손들은 태공망이 이룩한 제나라의 넓은 땅을 그의 유덕遺德과 유훈遺訓에 따라 밝은 정치를 하였고 많은 자손子孫들이 번창하여 여러 지역에 흩어져 살게 되었으며 그 지명을 따서 각각 다른 성씨로 득성하게 되었다.

4. 황제黃帝

(1) 황제헌원은 누구인가?

황제黃帝는 중국 전국 시대 이후로 문헌에 등장하는 오제五帝 중 첫 번째 제왕帝王으로, 삼황이라고도 하고, 황제헌원씨黃帝軒轅氏라고도 부른다.

황제헌원은 공손씨의 후손이다. 『사기』에는 헌원의 호를 유웅有熊씨라 했다. 유웅씨는 환웅께서 배달을 건국할 때 통합, 흡수된 웅족熊族 계열로서 동방 문화를 개척한 주역이다.

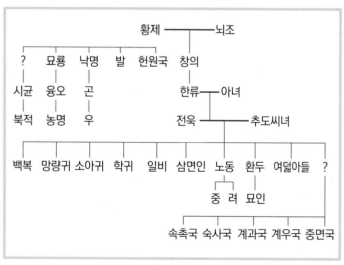

황제계보도

황제헌원은 염제신농과 더불어 소전의 아들로 불린다. 『국어』「진어」에서 "소전少典이 교씨蟜氏를 맞아들여 황제를 낳았다."고 기록한 것을 필두로 『사기史記』「오제본기五帝本紀」, 『제왕세기帝王世紀』 등의 문헌에도 황제를 소전의 아들로 보고 있다.[110]

이에 대해 사마정司馬貞은 『사기史記』「오제본기五帝本紀」 색은索隱에서 소전은 인명이 아니라 제후국을 칭하는 명칭이라고 지적하였다.

소전은 제후국을 지칭하는 것으로, 인명이 아니다. 『국어』「진어」에 소전少典이 교씨蟜氏를 맞아들여 황제와 염제炎帝를 낳았다고 하는데, 염제와 황제는 중간에 8대, 오백여년의 간격이 있다. … 『진본기』에 대업이 소전씨를 취하여 백의를 낳았다는 기록이 있다. 여기서 소전은 국명이고, 인명이 아니다.[111]

이를 통해 소전이 인명이던 씨족명이던 황제는 신농과 더불어 소전의 후손임을 알 수 있다. 앞에서 살펴본 바와 같이 황

---

110) 黃帝者, 少典之子, 姓公孫, 名曰軒轅.(『사기史記』「오제본기五帝本紀」)
『운급칠첨 헌원본기雲笈七籤 軒轅本紀』에는 복희가 소전을 낳고, 소전이 황제를 낳았다고 복희와 황제의 관계를 서술하고 있다.
111) 『사기史記』「오제본기五帝本紀」 색은索隱

제는 신농과 8대, 오백여년의 간격이 있으나 신농과 황제는 소전의 후손으로 종종 형제관계로 묘사된다. 『운급칠첨雲笈七籤 헌원본기軒轅本記』에는 "황제헌원은 성은 공손이며 헌원은 황제黃帝이며 희수에서 태어나서 희로서 성을 삼았다. 유웅국의 임금인 소전의 둘째아들이며 복희가 소전을 낳았고 소전은 신농을 낳고 헌원을 낳았다."고 염제가 형이라고 형제간의 서열도 구체적으로 제시하였다.[112]

염황조각상

---

112) 軒轅, 黃帝. 姓公孫自週制五等諸侯后, 乃有公孫姓. 軒轅爲黃帝, 長于姬水, 合以姬爲姓, 不知古史何据也. 有熊國君少典之次子也. 伏羲生少典, 少典生神農. 及黃帝襲帝位, 居有熊之封焉.(『운급칠첨 헌원본기雲笈七籤 軒轅本記』)
賈誼의 『新書』「益壤」에는 황제가 형이라고 하였다.("黃帝子, 炎帝之兄也." 『新書』「益壤」)

(2) 중국 사서의 황제 기록

『사기史記』「오제본기五帝本紀」

黃帝者, 少典之子, 姓公孫, 名曰軒轅. 生而神靈, 弱而能言, 幼
而徇齊, 長而敦敏, 成而聰明.

황제는 소전의 아들로, 성은 공손씨이고, 이름은 헌원이
다. 나면서 신령스러웠고, 남보다 빨리 말을 할 수 있었으
며, 어려서 법도를 잘 따랐으며, 커서는 돈독하고 민첩하
였으며, 성년이 되어서는 총명하였다.

軒轅之時, 神農氏世衰. 諸侯相侵伐, 暴虐百姓, 而神農氏弗能
征. 於是軒轅乃習用干戈, 以征不享, 諸侯咸來賓從. 而蚩尤最
爲暴, 莫能伐. 炎帝欲侵陵諸侯, 諸侯咸歸軒轅. 軒轅乃修德振
兵, 治五氣, 蓺五種, 撫萬民, 度四方, 教熊羆貔貅貙虎, 以與炎
帝戰於阪泉之野. 三戰, 然後得其志.

헌원의 시대에 신농씨의 나라가 쇠하여 제후들이 서로 다
툴 뿐만 아니라 백성들을 사납게 짓밟았으나 신농씨는 이
를 휘어 잡지 못하였다. 이때 헌원이 무력으로 제후를 치
니 모두 와서 복종하였다.

그러나 치우가 가장 사나워 칠 수가 없었다. 염제가 제후
를 치려 하였으나, 제후들은 모두 헌원에게 돌아갔으며,
헌원은 이에 덕을 닦고 군사를 일으켜, 오기를 다스리고,
다섯 종자를 심고, 만백성을 어루만지고 사방을 제도하였

다. 곰, 큰곰, 비휴, 추, 범을 가르쳐 판천阪泉 들에서 염제
와 세 번 싸운 후에야 이길 수 있었다.

蚩尤作亂, 不用帝命. 於是黃帝乃徵師諸侯, 與蚩尤戰於涿鹿之
野, 遂禽殺蚩尤. 而諸侯咸尊軒轅爲天子, 代神農氏, 是爲黃帝.
이 때 치우가 복종하지 않고 난을 일으키므로 헌원은 여러
제후들을 불러 모아 탁록의 들에서 치우와 싸웠다. 드디어
치우를 사로잡아 죽이고 제후들이 헌원을 높이므로 신농
씨를 대신하여 천자가 되었다.

黃帝居軒轅之丘, 而娶於西陵之女, 是爲嫘祖. 祖爲黃帝正妃, 生
二子, 其後皆有天下. 其一曰玄囂, 是爲靑陽, 靑陽降居江水. 其
二曰昌意, 降居若水. 昌意娶蜀山氏女, 曰昌僕, 生高陽, 高陽有
聖德焉. 黃帝崩, 葬橋山. 其孫昌意之子高陽立, 是爲帝顓頊也.
황제는 헌원의 언덕에 살았다. 서릉의 딸을 아내로 삼았
는데 누조이다. 누조는 황제의 정비로 아들을 둘 낳았는
데 뒤에 모두 세상을 다스렸다. 그 처음은 현요로 청양이
다. 청양은 강수에 내려가 살았다. 그 두 번째는 창의라 하
는데 약수에 내려가 살았다. 창의는 촉산씨의 딸을 아내로
삼았는데 창복이라 이르고 고양을 낳았다. 고양은 성스러
운 덕이 있었다. 황제가 붕하자 교산에 장사지냈다. 그 손
자인 창의의 아들 고양이 즉위했다. 이가 전욱이다.

『대대례大戴禮』「오제덕五帝德」

黃帝, 少典之子也, 曰軒轅. 生而神靈, 弱而能言, 幼而慧齊, 長
而敦敏, 成而聰明. 治五氣, 設五量, 撫萬民, 度四方, 教熊豹虎
以與赤帝大戰于阪泉之野. 三戰然后得行其志.

황제는 소전의 아들이다. 헌원이라고도 한다. 나면서부터
신령스러워 남보다 빨리 능히 말하였고 지혜로왔다. 자라
면서 행동이 신중하고 민첩하였고 성인이 되어서는 총명
하였다. 오기를 다스리고 오량을 설하고 만민을 다스려 사
방에 이르게 하였다. 곰, 비, 비, 휴, 포, 범을 가르치고 판
천의 들에서 있었던 적제와 대전에서 싸우게 하였다.

『산해경山海經』「대황북경大荒北經」

蚩尤作兵伐黃帝, 黃帝乃令應龍攻之冀州之野. 應龍畜水, 蚩尤
請風伯雨師, 縱大風雨. 黃帝乃下天女曰魃, 雨止, 遂殺蚩尤.

치우가 군사를 일으켜 황제를 토벌하였다. 황제가 이에 응
룡에게 명하여 기주의 들판에서 공격하였다. 응룡은 물을
관장하였다. 치우는 풍백 우사를 청하여 큰바람과 비를 일
으키니 이에 황제가 발이라는 천녀에게 명하여 비를 멈추
게 하고 이어서 치우를 살해하였다.

『국어國語』「진어晉語 4四」

黃帝以姬水成…故黃帝爲姬.

황제는 희수에서 성장했고,…따라서 황제는 희성이 되었다.

(3) 황제의 후손 계보

『국어國語』「진어晉語」, 『사기史記』「오제본기五帝本紀」, 『헌원황제전軒轅黃帝傳』 등의 고대문헌에는 모두 황제가 누조嫘祖를 정비로 맞아 아들 두명을 두었고, 모두 25인의 자손을 두었다고 기록하고 있다.

『국어國語』「진어晉語」에는 다음과 같이 기록하였다.

"황제의 아들은 이십오인인네, 성이 같은 자는 2인으로 오로지 청양과 이고가 기성이다. 무릇 황제의 아들은 스물다섯 갈래를 이루었는데, 그 중 성을 얻은 이가 14인이다. 12성이 되는데, 희姬·유酉·기祁·기己·등滕·침葴·임任·순荀·희僖·희姞·현儇·의依이다. 오직 청양青陽과 창림씨蒼林氏가 황제와 같이 희성이다."[113]

『사기史記』「오제본기五帝本紀」에도 이와 같은 기록이 보인다.

"황제에게는 25명의 자식이 있었고, 그 중 성을 얻은 자는 14명이었다.……황제는 헌원 언덕에 살면서 서릉족西

---

113) 黃帝之子二十五人, 其同姓者二人. 唯青陽與夷鼓爲己姓.…凡黃帝之子二十五宗, 其得姓者十四人, 爲十二姓: 姬, 酉, 祁, 己, 滕, 葴, 任, 荀, 僖, 姞, 儇, 依是也. 唯青陽與蒼林氏同于黃帝, 故皆爲姬姓.(『국어國語』「진어晉語」)

陵族의 딸을 아내로 맞이했다. 이가 누조嫘祖이다. 누조는 황제의 정비로서 두 아들을 낳았는데, 그 후손 모두가 천하를 얻었다. 그 하나가 현효玄囂, 즉 청양靑陽으로서 청양은 강수江水에 봉해졌고, 둘째는 창의昌意로서 약수若水에 봉해졌다. 창의는 촉산씨蜀山氏의 딸을 아내로 얻었는데 창복昌僕이라 했다. 고양高陽을 낳았는데, 고양은 성스러운 덕이 있었다."[114]

오제에서 황제 헌원 다음의 제왕은 헌원의 둘째 아들이 창의昌意이며, 그의 아들이 고양高陽인데 이 사람이 바로 전욱顓頊이다.

그 다음으로, 곡嚳은 헌원의 첫째 아들인 현효玄囂의 손자 고신高辛이니 헌원의 증손자가 된다. 현효의 아들이 교극蟜極인데, 고신이 바로 교극의 아들이다.

또한 곡嚳의 셋째 부인은 진봉씨陳鋒氏의 딸인데, 그녀가 방훈放勳을 낳았으니 이 사람이 바로 요堯이다. 이 요는 이복형인 지摯를 대신해서 제위를 승계한다.

앞에서 말한 헌원의 둘째 아들 창의는 전욱을 낳고, 전욱은 궁선窮蟬을 낳고, 궁선은 경강敬康을 낳고, 경강은 구망句望을 낳

---

114) 黃帝二十五子, 其得姓者十四人.……黃帝居軒轅之丘, 而娶於西陵之女, 是爲嫘祖. 嫘祖爲黃帝正妃, 生二子, 其後皆有天下:其一曰玄囂, 是爲靑陽, 靑陽降居江水;其二曰昌意, 降居若水. 昌意娶蜀山氏女, 曰昌僕, 生高陽, 高陽有聖德焉.(『사기史記』「오제본기五帝本紀」)

고, 구망은 교우橋牛를 낳고, 교우는 고수瞽叟를 낳고, 고수는 중화重華를 낳으니, 이 중화가 바로 순舜이다.

『사기史記』「오제본기五帝本紀」에서 말하고 있는 황제헌원黃帝軒轅에서 순舜임금까지의 역대왕조는 다음과 같다.

1대 황제黃帝: 이름 헌원軒轅=황제헌원.

2대 전욱顓頊: 이름 고양高陽. [황제헌원의 둘째아들이 창의이며 창의의 아들이 고양이다]

3대 제곡帝嚳: 이름 고신高辛. [황제헌원의 첫째아들이 현효이며 현효의 손자가 고신이다]

4대 요堯임금: 이름 방훈放勳. [고신의 아들이 방훈이다. 황제헌원의 첫아들의 후손이다]

5대 순舜임금: 이름 중화重和. [요임금 이후로 적자가 아닌 선양으로 이어왔다. 황제헌원의 둘째아들의 후손이다]

『사기史記』「오제본기五帝本紀」에는 순의 계보를 다음과 같이 밝히고 있다.

우순虞舜은 이름이 중화重華이다. 중화重華의 부친은 고수瞽叟이고 고수瞽叟의 부는 교우橋牛이고 교우橋牛의 부는 구망句望이고 구망句望의 부는 경강敬康이고, 경강敬康의 부는 궁선窮蟬이고, 궁선窮蟬의 부는 제전욱帝顓頊이고, 전욱

顓頊의 부는 창의昌意이다. 이로써 순에 이르니 7세이다.
궁선窮蟬으로부터 제순帝舜에 이르기까지 모두 서인庶人이
었다.[115]

즉, 순임금 중화 → 중화의 아버지 고수瞽叟 → 고수의 아버
지 교우橋牛 → 교우의 아버지 구망句望 → 구망의 아버지 경강敬
康 → 경강의 아버지 궁선窮蟬 → 궁선의 아버지 전욱제顓頊帝 →
전욱의 아버지는 황제헌원의 둘째아들 창의昌意이다. 곧 중화
인 순임금은 황제헌원 1대로부터 시작하여 9대의 후손이다.[116]
요임금은 황제헌원의 첫째아들인 현효玄囂의 손자인 제곡帝
嚳의 후손이고, 순임금은 황제헌원의 둘째아들인 창의昌意의
아들인 전욱제顓頊帝의 후손이고, 하나라 우임금도 황제헌원의
둘째아들인 창의昌意의 아들인 전욱제顓頊帝의 후손이고, 탕임
금은 황제헌원의 첫째아들인 현효玄囂의 손자인 제곡의 둘째
부인에서 이은 후손이고, 태왕太王인 고공단보古公亶父는 황제헌
원의 첫째아들 현효의 손자인 제곡의 정실부인의 후손으로 즉
제곡의 후손으로 이어왔다고 사마천의 『사기史記』「본기」에서 기
록하고 있다. 그리고 진秦나라는 황제헌원의 둘째아들 창의昌

---

115) 虞舜者, 名曰重華。重華父曰瞽叟, 瞽叟父曰橋牛, 橋牛父曰句望, 句望父曰敬康,
敬康父曰窮蟬, 窮蟬父曰帝顓頊, 顓頊父曰昌意 : 以至舜七世矣。自從窮蟬以至帝舜, 皆
微為庶人.(『사기史記』「오제본기五帝本紀」)
116) 여기에서 요는 황제의 4대손인데 순은 황제의 8대손으로 되어 있어 역대로 의문
이 제기 되었다.

意의 아들인 전욱제顓頊帝의 후손이다. 즉 순임금과 같이 진나라도 전욱제의 후손이다. 한고조漢高祖 유방劉邦은 요堯의 자손으로 즉 황제헌원의 첫째아들의 손자인 제곡帝嚳의 후손이다. 성은 유劉씨이며 이름은 방邦이며 자는 계季이다.

황제는 그 후손이 매우 번창하였으니, 특히 요堯임금과 순舜임금을 비롯하여 하夏, 상商, 주周 3대의 제왕이 모두 그의 후손이다. 『국어國語』「진어晉語」에 의하면, 황제의 자손 25명 중에서 14명이 성씨를 얻고 12개의 성씨로 나누어졌는데, 희姬, 유酉, 기祁, 기己, 등滕, 잠箴, 임任, 순荀, 희僖, 길姞, 현儇, 의依가 그것이다.[117] 이 중에서 희, 기, 임, 길 4성이 비교적 유명하다. 기祁씨 중에 유명한 사람은 요堯임금이고, 희씨 중에 유명한 사람은 서주의 왕족 모두이다. 서주 초기에 왕족 자제들과 동성의 귀족들을 각지의 제후로 책봉했는데 그 수가 70여개국에 이르렀다. 각종 문헌에 의하면 이들 중에 임씨와 길씨의 제후국이 많이 보인다. 이 외에 당시의 융적戎狄 부족 속에도 희姬씨와 유酉씨 성이 있었다.

황제로부터 순, 우에 이르기까지 모두 같은 성에서 나왔지만 나라 이름을 달리 해 각자의 덕을 분명히 밝혔다. 이에 따라 황제는 유웅有熊, 전욱은 고양高陽, 제곡은 고신高辛, 요는 도당陶唐, 순은 유우有虞, 우禹는 하후夏后라고 불러 씨는 달랐지만 성은 모두 다 사씨姒氏였다. 설은 상商이라고 하고 성은 자씨子

---

117) 황제자손은 330성씨이다.(乔山, 『黃帝子孫姓氏歌』, 1998, 청명절.)

氏라 했다. 기는 주周라고 하고 성은 희씨姬氏라 했다.

황제의 자손이 얻은 12개의 성씨 가운데 대표적인 성은 다음과 같다.

① 희성姬姓

희성은 헌원씨에서 유래되었으며, 중국의 가장 오래된 성씨 중의 하나이다. 황제 부락이 처음 희수 유역에서 활동하여 그물 이름을 성으로 삼았다고 하며 모계사회에서 출발하였음을 알 수 있다.

그 후손 중 후직后稷이 주민족의 영수가 되어 대를 이어 오다가 드디어 주나라를 건국하여 왕실의 성이 되었으며, 서주 초 각지 제후국을 봉할 때 희성의 공족이 53개국이나 되었다고 한다. 그 뒤 지손支孫의 서손庶孫은 직접 적자의 성을 가질 수 없게 되자 조상의 이름이나 자, 지명, 관직명 등을 성씨로 삼아 도리어 희성의 수가 생각만큼 많지 않게 되었다.

풍성風姓의 경우, 금문자료에는 보이지 않는데, 희성姬姓은 선진 문헌 중에 많이 출현하고, 금문 중에도 자주 보인다.[118]

② 임성任姓

임성任姓의 경우, 황제 헌원의 막내아들 우양禹陽이 임任 땅을 봉지로 받았다가 다시 지금의 산동 제녕시濟寧市 동남쪽으로

---

118) 張淑一, 『先秦姓氏制度考索』(福建人民出版社, 2008), 43-44쪽.

이주하여 임국任國을 세웠다. 그리하여 우양의 적계 적손만은 임任을 성으로 삼고, 지손, 적손은 각기 적손의 성을 이어갈 수 없던 당시 제도에 따라 자신들의 봉지를 성씨로 삼아 분화되었다.

③ 기성祁姓

기성祁姓의 경우, 헌원씨에서 기원하였는데, 황제의 25명 아들 중 한 명이 기祁성을 얻었으며 이름은 기표祁豹였다.

(4) 황제의 후손

① 제곡帝嚳

전욱은 궁선窮蟬이라는 아들을 낳았다. 전욱이 세상을 뜨자 현효의 손자인 고신高辛이 오르니 이가 제곡帝嚳이다.

제곡 고신은 황제의 증손이다. 고신의 부친은 교극蟜極이며, 교극의 부친은 현효이고, 현효의 부친이 황제이다. 현효로부터 교극까지 모두 제위에 오르지 못하다가 고신에 이르러서야 제위에 올랐다. 고신은 전욱에게는 집안의 자손이다.

제곡 고신의 이름은 준俊이고, 성은 희姬씨다. 제곡고신의 부인은 네 사람이다. 첫째는 유태有邰씨의 딸 강원姜原인데, 뒷날 주나라의 시조가 된 후직后稷을 낳았다. 둘째는 유아有娀씨의 딸 간적簡狄인데, 은나라의 시조가 된 설契을 낳았다. 셋째는 진풍陳豐씨의 딸 경도慶都인데, 요堯임금이 된 방훈放勳을 낳았다. 넷째는 취자娵訾씨의 딸 상의常儀인데, 지挚를 낳았다.

　신화에 나오는 고신은 나면서부터 신령스러웠다. 널리 베풀어 사물을 이롭게 했지만 자신의 몸은 챙기지 않았다. 총명해 먼 일을 알고, 현명해 미세한 것도 살폈다. 하늘의 뜻에 따르고 인민에게 급한 것이 무엇인 줄 알았다. 어질되 위엄이 있고, 은혜롭고 믿음이 있었다. 몸을 수양하니 천하가 복종했다. 땅에서 재물을 취하되 아껴서 썼으며, 만민을 어루만지고 교화하되 이익으로 이끌었다. 해와 달의 운행을 헤아려서 맞이하고 보냈으며, 귀신을 잘 알아 공경하는 마음으로 섬겼다. 안색은 따뜻하고 덕은 높았으며, 움직임은 적절하고 옷은 평범했다. 제곡은 물을 대듯 치우침 없이 천하에 두루 미치니 해와 달이 비추는 곳, 바람과 비가 이르는 곳이면 복종하지 않은 것이 없었다.

② 제전욱帝顓頊

　제전욱은 황제의 손자이자 창의의 아들이다. 차분하고 마음이 깊어 꾀가 있었고, 소통할 줄 알아 일을 잘 했다. 땅을 골라 작물을 기르고, 하늘의 운행에 맞추어 계절을 정했다. 귀신에 의지해 예의를 제정하고, 정결하게 정성을 다해 제사를 드렸다. 북쪽으로는 유릉幽陵, 남쪽으로는 교지交趾, 서쪽으로는 유사流沙, 동쪽으로는 반목蟠木에까지 이르렀다. 동식물, 여러 귀신들, 해와 달이 비치는 곳이라면 속하지 않은 것이 없었다.

제전욱은 궁선窮蟬이라는 아들을 낳았다. 전욱이 세상을 뜨자 현효의 손자인 고신高辛이 오르니 이가 제곡帝嚳이다.

전욱은 어려서 숙부인 소호의 양육을 받았다. 그는 거문고를 잘 탔다고 한다. 그는 성장해서 북방의 신이 되었는데 다른 신들과는 달리 과격한 정책을 폈다. 우선 신하인 중重과 려黎를 시켜 하늘과 땅의 통로를 끊어 버렸다. 사람들이 하늘을 자유로이 왕래하던 통로를 단절시킨 것은 신과 인간 사이의 영역을 확실히 구분 지으려는 의도에서였다. 이 일 이후 전욱은 중으로 하여금 하늘의 일, 즉 신들의 일만을, 려로 하여금 땅의 일, 즉 백성들의 일만을 맡아보게 하였다.

또한 수신 공공共工과의 전쟁도 있다. 공공은 남방의 신, 신농神農의 신하로서 황제에게 패한 주군의 원한을 갚기 위해 전쟁을 일으켰다. 이 싸움에서 비록 전욱은 황제의 편을 들어 승리했으나 전쟁의 여파로 지상은 크게 파괴되었다.

모든 일에 권위적이었던 전욱은 인간의 예법에도 간여하였다. 그는 심하게 남녀를 차별하였는데 길을 가다가 남자를 보고 피하지 않는 여자는 요기妖氣가 있다고 간주하여 붙잡아다가 네거리에서 푸닥거리를 치르게 했다. 전욱의 자손 역시 매우 많고 다양한 개성들을 지니고 있다. 아들 중에서 노동老童 태자장금太子長琴은 모두 아버지를 닮아 음악적 재능이 뛰어났다. 노동은 아름다운 목소리를 지녔고 태자장금은 좋은 노래를 작곡했다 한다. 그러나 아버지의 과격하고 독한 성품을 이어받은 아들도 있어서 학질 귀신이 있는가 하면 도올이라는 흉악하기 그지없는 괴물도 있었다. 전욱에게는 또 궁선窮蟬이라는 아들도 있었는데 그는 부뚜막 신이 되어한 집안의 숭배를 받으며 살았다.

전욱의 후손들은 중국 변경 각지에 나라를 세웠다. 남방의 계우국季愚國, 서방의 숙사국淑土國 등이 그것이다. 전욱의 후손으로 축융祝融이 있고, 축융의 후손에는 여덟 성씨가 있는데 '기己, 동董, 팽彭, 독禿, 운妘, 조曹, 침斟, 미羋'이다. 이 여덟 성씨는 후에 적지 않은 씨족을 배출했는데 처음에 중원지역에 거주하다가 후에 점차 남쪽으로 이주하여 남방 초楚나라의 조상이 되었다.

③ 소호少昊

소호는 황제의 계보에 속한다. 황제와 소호의 직접적인 연관관계를 밝힌 기록은 없지만 『산해경山海經』「해내경海內經」을 통해서 보면,

유사의 동쪽, 흑수의 서쪽에 조운국과 사체국이 있다. 황제의 아내 뇌조가 창의를 낳았는데 창의는 약수에 내려와 살며 한류를 낳았다. 한류는 길쭉한 머리에 작은 귀, 사람의 얼굴에 돼지주둥이, 비늘 돋친 몸에 통뼈로 된 (굵은) 다리, 돼지의 발을 하고 있는데 촉산씨의 자손인 아

녀를 아내로 맞아 전욱임금을 낳았다.[119]

『산해경山海經』 속에서 황제黃帝와 소호少昊에 대한 직접적인 연관이 드러나는 기록은 보이지 않는다. 다만 위의 기록에 따라 전욱顓頊이 황제의 증손曾孫이 되고, 소호는 전욱의 숙부벌이 되기 때문에 후대에 이르러 소호가 자연스럽게 황제의 계보에 편입되는 현상이 나타나게 되었다.

또 『산해경山海經』「해내경海內經」에 다음과 같은 내용이 보인다.

다시 서쪽으로 200리를 가면 장류산이라는 곳인데 신 백제白帝 소호가 여기에 살고 있다. 이곳의 짐승들은 모두 꼬리에 무늬가 있고 새들도 모두 머리에 무늬가 있다. 이 산에서는 무늬있는 옥돌이 많이 난다. 바로 여기는 원신 員神 외씨의 궁궐로 이 신은 저녁놀을 맡아보고 있다.[120]

이렇게 『산해경山海經』 속에서 소호는 서쪽의 천신인 백제白帝

---

119) 帝顓頊高陽者, 黃帝之孫而昌意之子也. 靜淵以有謀, 疏通而知事, 養材以任地, 載時以象天, 依鬼神以制義, 治氣以教化, 絜誠以祭祀. 北至于幽陵, 南至于交阯, 西至于流沙, 東至于蟠木。動靜之物, 大小之神, 日月所照, 莫不砥屬.(『사기史記』「오제본기五帝本紀」)

120) 流沙之東, 黑水之西, 有朝雲之國, 司彘之國.黃帝妻雷祖, 生昌意, 昌意降處若水, 生韓流.韓流擢首, 謹耳, 人面, 豕喙, 麟身, 渠股, 豚止, 取淖子曰阿女, 生帝顓頊.(『산해경山海經』「해내경海內經」)

로 간주되는 한편, 동쪽 바다 바깥의 깊은 골짜기에 살면서 전욱을 키워낸 것으로 그려진다. 동東과 서西의 상대되는 방향에 그 위치가 설정되는 것이다. 한대漢代에 이르러 소호가 서쪽 방위의 신인 백제白帝 금천씨金天氏와 동일시되면서 이런 혼란이 야기된 것으로 보인다. 소호가 동쪽에 사는 곳을 두고 있는 것과 그 자손들이 기장을 먹는다는 사실, 그리고 소호가 새와 연관된다는 점에서 제준帝俊과의 긴밀한 관계에 있었음을 유추할 수 있다.

④ 상탕왕商湯王

상나라 탕왕. 탕湯은 성이 자子이며, 이름이 리履이며, 천을天乙, 성탕成湯이라고도 칭한다. 갑골문속에서는 당대을唐大乙, 고조을高祖乙이라고 일컬었다. 하왕조 말기에 상족이 점점 강성해지고 하의 걸왕이 폭정으로 민심을 잃자 하나라를 멸망시키고 상을 건국했으며 13년간 재위하였다. 장지는 6곳이 있다고 전해오는데 그 중에서 박毫에 있다는 설이 가장 유력하다.

역사상 실제 인물인 탕은 신분이 높은 가문의 후예였던 것으로 보인다. 탕은 거북 등딱지에 쓰인 예언대로 하나라의 포악한 군주 걸桀에 대항하여 군대를 일으켰다고도 한다. 온후하고 관대한 왕으로 칭송받는 그는 가뭄이 들자 자신을 희생제물로 바치는 제사를 올렸다고 한다. 그러나 제사가 끝나기도 전에 비가 내렸고 탕은 목숨을 건졌다.

⑤ 후직后稷

후직后稷은 주왕조周王朝의 전설적 시조이다. 성姓은 희姬씨고,
이름은 기棄다. 『사기史記』「주본기周本記」에 따르면 유태씨有邰氏
의 딸로 제곡帝嚳의 아내가 된 강원姜原이 거인의 발자국을 밟
고 잉태하여 아들을 낳았다고 한다. 그것이 불길하다 하여 세
차례나 내다버렸지만 그때마다 구조되었다고 한다. 나중에 요
제堯帝의 농관農官이 되고 태邰(지금의 섬서성陝西省 무공현武功縣 부
근)에 책봉되어 후직이 되었다.[121]

⑥ 고공단보 古公亶父

상商나라 때 사람으로, 주周나라의 태왕太王이다. 문왕文王의
할아버지로, 공류公劉의 9세손世孫이다. 고공古公은 태왕太王의
본호本號이고, 단보亶父는 태왕太王의 이름이다. 단보를 자字라
고도 말한다. 기산岐山 기슭에서 덕을 닦아 주나라의 기반을 이
룬 사람이다. 추존追尊하여 태왕太王이라고 한다.[122]

⑦ 문왕文王

문왕文王은 이름이 희창姬昌이고 생몰연대는 미상이다. 상商
주왕紂王 때 서백西伯(서방 제후의 장)에 책봉되었으며 서주西周의
건설에 기초를 확립하였다. 50년간 주족周族의 장을 지낸 후

---

121) 又西二百里, 曰長留之山, 其神白帝少居之. 其獸皆文尾, 其鳥皆文首, 是多文玉石.
實惟員神碗氏之宮. 是神也, 主司反景.(『산해경山海經』「해내경海內經」)
122) 『중국역대인명사전』(이회문화사, 2010).

97세에 병으로 죽었다. 장지는 필원畢原(지금의 섬서성 함양시 서북 18리 지점)에 있다.

어렸을 때 입에 '붉은 글씨'를 문 주작이 집 문앞에 떨어뜨리는 일이 있었는데, 일단 정권을 잡으면 주가 크게 흥성할 것이라는 상서로운 징조였다고 한다. 이 일로 할아버지는 희창을 특별히 아끼게 되었다. 할아버지가 세상을 떠나자 아버지 계력季歷이 뒤를 이었고, 아버지 계력이 세상을 떠나자 희창이 뒤를 이으니 이가 바로 역사상 저 유명한 주 문왕이다. 역사에서는 서백西伯 문왕이라 부른다. 주는 당시 중국 서북부 황토고원 일대에서 오래된 부락으로 상의 서쪽 속국의 하나이기도 했다. 그래서 문왕을 사서에서는 서백이라 부른 것이다.

희창姬昌은 주족周族의 장으로 상商 주왕 때 서백西伯에 책봉되었으며, 백창伯昌이라고도 한다. 그는 소년 시절부터 농업과 목축업에 종사하면서 백성들의 고통에 많은 관심을 가졌다. 서백에 임명된 후에는 어진 사람을 예로써 대하고 사람들에게 관대하여 많은 민심을 얻었다.

주는 상이 천하의 주인임을 인정하고 정기적으로 상은에 공납을 바치고 있었다. 희창이 지위를 이어받은 뒤에도 이러한 상황은 계속되었다. 하지만 아버지 시대에 제정한 법도를 본받아 어진 정치를 베풀고, 노인을 공경하고, 어린이를 아끼고, 유능한 선비를 예의로 대우했다. 그는 자기 집안부터 시작하여 위로는 부모에게 아침·저녁으로 문안을 드리는 등 효성을 다했으며, 아래로는 처자형제에게도 이를 엄격하게 따를 것을 요구하면서 전 가족의 모범이 되었다. 자신의 대가족을 핵심으로 삼아 강력한 응집력을 형성해가면서 부족을 단결시키고 내부를 튼튼하게 다져갔다.

50년이나 되는 그의 재위 기간은 차분하고 지속적으로 사업을 밀고나갈 수 있는 충분한 기회를 주었다. 상은 왕조에 소속된 일부 속국들 중 일부 소국은 무력으로 정복했다. 또 다른 소국은 주의 세력을 무서워하면서도 동시에 상의 통제에서 벗어나고 싶어 주도적으로 주에 귀순했다. 심지어 상은 정부 내부의 노예와 평민 그리고 중·소 노예주까지 잔혹한 정치적 압박과 경제적 착취를 견디다 못해 주 쪽으로 도망쳐왔다. 이렇게 해서 주는 상에 신하로서 복속하는 관계에서 상에 대항할 정도로 힘을 갖춘 세력으로 변해갔다.

상 주왕의 욕심과 사치는 극에 달했다. 허구한 날 주색에 빠져 살았다. 무거운 세금으로 백성들의 재산을 착취하였다. 노는 데 빠져 의지를 상실했고, 나랏일은 뒷전이었다. 자기에게 반대하거나 눈에 거슬리면 가혹한 법과 혹형으로 다스렸다. 유능하고 어진 자를 멀리하고 간사한 자를 중용하여 민심을 흩어놓고 원망이 들끓게 했다.

희창은 이를 반면교사로 삼아 물질적 욕망을 최대한 억제하고, 사치와 음탕은 물론 지나친 방종은 추호도 용납하지 않았다. 그는 엄격하게 자신을 통제했지만 다른 사람에게는 관대

했다. 이렇게 하여 주나라 사람의 소박하고 근면한 미덕을 유지하면서 검소한 생활을 유지해갔다. 그는 조심스럽게 그리고 부지런히 자신의 나라를 다스렸다.

희창은 관대하고 어질며 인재를 깍듯이 우대할 줄 알았던 통치자다. 상나라 마지막 임금이자 폭군의 대명사 주왕의 횡포가 갈수록 심해지자 문왕은 자세를 낮추고 때를 기다리는 모략을 선택했다. 다른 제후국들을 위해 주 임금에게 간청하고, 자신의 서쪽 땅을 바쳐 많은 사람을 괴롭힌 혹형 '포락형'을 폐지시키기도 했다.

상 주왕은 강성해진 그의 세력에 위협을 느끼고 그를 유리羑里에 가두었지만, 희창은 고통을 참으면서 조금도 원망하는 내색을 보이지 않았다.

그는 그곳에서 한적한 생활을 보내면서 팔괘八卦를 깊이 연구하여 64효괘로 발전시키고, 천하의 이치를 탐구하여 중국 최초의 경서인 『주역周易』을 만들었다. 그리고 칠현금七弦琴을 발명하여 「구유조拘幽操」라는 금곡琴曲을 창작하고 항상 그것을 연주하였다. 그의 신하들은 그를 석방시키기 위하여 많은 미녀와 명마, 진귀한 보석 등을 모아서 주왕에게 바치고 주왕의 측근신들을 뇌물로 매수하였다. 주왕은 희창이 구금 중에도 전혀 원망의 빛이 없고, 또 이렇게 미녀와 보석들을 보내오자 만면에 희색이 가득하여 그를 석방하고 다시 서백에 임명하였다.

희창은 석방된 후에 주족周族을 강성하게 만든 다음, 때를 기다렸다가 주왕을 공격하여 치욕을 갚을 것이라고 결심하였다. 그에게는 많은 신하와 장수들이 있었지만, 전체를 통괄할 수 있는 문무를 겸비한 인재가 없어, 그러한 사람을 백방으로 찾았다.

한번은 희창이 사냥을 갔다가, 위수渭水의 지류 반계반磻溪畔에 이르러, 수염과 머리가 반백인 70-80세의 노인이 낚시를 하고 있는 것을 보았다. 그런데 그 노인은 곧은 낚시 바늘로 낚시하면서, 입으로는 "원하는 놈은 걸려라! 원하는 놈은 걸려라!"라고 중얼거리고 있었다. 그는 그것을 매우 이상하게 여기고는 앞으로 다가가서 그 노인과 대화를 나누었다. 노인은 천문과 지리에 통달하고 천하의 형세를 훤히 꿰뚫고 있었으며, 가슴에는 웅대한 뜻을 품고 있었다. 희창은 그가 바로 문무를 겸비한 인재라는 것을 알아보고, 크게 기뻐하면서 그를 도성으로 데려와 국사國師에 임명하였다. 그 후 노인은 다시 국상國相에 임명되어 정치와 군사를 통괄하였다. 이 노인이 바로 강태공姜太公이다.[123]

강태공의 노력으로 주족周族은 안정 속에 발전을 거듭하여 막강한 군사력을 갖추게 되었다.

마지막으로 상을 멸망시킬 계획만 남겨놓고, 희창은 큰 병에 걸렸다. 그는 자신이 그 임무를 수행할 수 없다는 것을 알고, 아들 희발姬發(후세의 무왕)을 불러 그에게 세 가지를 부탁했다.

---

123) 『중국역대인명사전』(이회문화사, 2010).

첫째, 좋은 일을 보면 게을리하지 말고 즉시 가서 해야 한다.

둘째, 기회가 오면 머뭇거리지 말고 재빨리 잡아야 한다.

셋째, 나쁜 일을 보면 급히 피해야 한다.

이 세 가지 부탁을 남기고, 희창은 며칠 후 세상을 떠났다. 희창이 죽은 후, 그의 시호를 추존하여 문왕文王이라 하였다.

⑧ 무왕武王

무왕武王은 이름이 희발姬發이고 생몰연대는 미상이다. 문왕文王의 둘째 아들로, 문왕이 죽은 후에 왕위를 계승하였다. 재위기간은 3년, 93세에 병으로 죽었다. 장지는 필원泌原에 있다.

희발姬發은 문왕의 큰 아들 백읍고伯邑考가 상商 주왕紂王에게 피살됨으로써, 문왕의 뒤를 이어 왕위에 올랐다. 그는 왕위에 오른 후에 강태공姜太公을 국상國相에 그대로 연임시키고, 동생 주공단周公旦과 소공석召公奭의 보좌를 받으면서, 더욱 내정을 정비하고 군사력을 증강시켰다. 그리고 문왕의 유지를 받들어, 상 주왕의 토벌 준비에 박차를 가하였다.

무왕은 아버지의 뒤를 이어 다른 8개의 변경국가들과 연합하여 상의 마지막 황제이며 폭군이던 주왕紂王을 몰아냈다. 무왕은 주를 세우고 나서 동생 주공周公의 도움을 받아 봉건적인 통치제도를 수립함으로써 통치권을 강화했다.

서주가 건국된지 3년째 되던 해에, 희발은 천하가 안정되지 않은 가운데 호경鎬京에서 병사하였다. 희발이 죽은 후에 시호를 무왕武王이라 하였다.

(5) 요하문명과 황제헌원

개혁 개방 이후 21세기로 접어들면서 중국은 세계 초강대국으로 팽창할 절호의 기회를 맞이했다. 중국은 이제 세계에서 가장 오래된 '문명 고국'으로 거듭나려는 욕망을 품게 되었고, 이러한 꿈과 야심을 신화를 통해 발현하고 있다.

혼란을 잠재우고 통일 제국을 이룩한 한나라 초기, 중국의 자존심이 무너져 내린 19세기 후반, 소수 민족 문제와 민주화에 대한 요구, 동서 경제 불균형으로 사회 갈등이 빚어져 심각한 불안 요소로 작용하게 된 21세기 현재, 각 시대마다 민족을 결집시켜줄 중심되는 인물이 필요했고, 그러한 인물로 황제가 부각되었다.[124)

20세기의 가장 충격적인 고고학 발견 중의 하나로 꼽히는 '홍산문화' 발굴이 이루어졌다.

처음에는 이 문화를 기원전 4500-2500년경, 황하유역에서

---

124) 문왕과 강태공의 이야기는 『史記』권32 「제태공세가齊太公世家」제2에 보인다. 여상(강태공)은 곤궁하고 연로하여(72세), 낚시질로 주 서백西伯에게 접근하려고 하였다. 서백이 사냥을 나가려고 하다가 점을 쳤는데, 점괘가 나오기를 "잡을 것은 용도 이무기도 아니고, 호랑이도 곰도 아니다. 잡을 것은 패왕의 보필이다."라고 하였다. 서백이 사냥을 나갔다가 위수渭水 북쪽에서 여상을 만났는데, 그와 이야기를 나누고는 크게 기뻐하며 이렇게 말하였다. 우리 선대의 태공太公때부터 이르기를 "장차 성인이 주나라에 올 것이며, 주나라는 그로 인하여 일어날 것이다."라고 하였습니다. 선생이 진정 그분이 아니십니까? 우리 태공께서 선생을 기다린 지가 오래 되었습니다. 이리하여 그를 '태공망太公望'이라고 부르며 수레에 함께 타고 돌아와서 사師가 되게 하였다.

번창한 앙소仰韶 문화의 후기 문화로 보았으나, 1979년 본격적인 발굴이 시작되면서 황하문명보다 훨씬 더 오래된 문명으로 확인되어 중국 정부와 역사학계는 큰 충격에 휩싸이게 되었다. 중국의 역사를 다시 써야 할 정도의 대발굴이자, 선사시대에 대한 완전히 새로운 시각과 역사관의 정립을 요구하는 대사건이었기 때문이다.

중국학자들은 여러 발굴 결과를 토대로 홍산문화는 황하문명보다 2-3천 년이나 앞선 것이며, 그 문화의 중심지로 추정되는 요하 지역은 주변 지역보다 훨씬 앞서서 국가 단계의 조건을 다 갖춘 문명사회로 발전했다고 결론을 내렸다.

그들은 홍산문화를 '중국의 요하문명'이라 부르면서, 중국 민족의 문화가 이집트나 메소포타미아보다 앞서는 세계 최고最古 문명이라는 주장의 핵심 증거로 이 홍산문화를 이용하고 있다.

최고 8500년 전까지 거슬러 올라가는 홍산문화의 발굴은 최근에도 계속 새로운 탐사가 이어지고 있는데, 이는 세계 문명사를 다시 쓰게 하는 엄청난 사건이다. 홍산문화 유적지 중에서 그 핵심지라 할 수 있는 우하량에서 기원전 3500년까지 올라가는 대형 제단祭壇, 여신묘女神廟, 돌을 쌓아 무덤의 묘실을 만든 적석총積石塚 등이 발굴되었다. 그 이전 1971년 적봉시 북부의 옹우특기翁牛特旗에서 용봉문화의 상징인 C자형의 옥으로 만든 용 형상물이 발견되었다.

이는 동북공정과 연관되어 이루어지고 있다. 동북공정을 통해 중국이 의도하는 속내는 고조선의 정통성을 계승한 고구려의 역사를 중국의 역사로 편입하려는 것이다. 그것은 중국은 한족漢族을 중심으로 55개의 소수민족이 만든 국가로서 현재 중국 국경 안에서 이루어진 모든 역사는 중국의 역사이므로 고구려사와 발해의 역사는 한국의 역사가 아니라 중국의 역사가 된다는 것이다. 동북공정은 "고조선과 고구려는 지금 중국 땅에서 일어났으니, 이들은 중국 역사에 등장하는 지방 왕조 가운데 하나다"라는 것이다.

나아가 동북공정의 실제 목적은 중국의 전략지역인 동북지역, 특히 고구려·발해 등 한반도와 관련된 역사를 중국의 역사로 만들어 장차 한반도가 통일되었을 때 영토분쟁 가능성을 미연에 방지하는 데 있다.

그것은 중화문명탐원공정中華文明探源工程이라는 이름으로 진행되어왔다. 중국 과학기술부와 국가문물국의 공동 주관 아래, 지난 2002년부터 시작된 국가사업은 신화와 전설 시대로 알려진 삼황오제 시대를 역사에 편입하고, 이를 통해 중화문명이 이집트나 수메르문명보다 오래된 세계 최고 문명임을 밝히려는 중요한 과학연구 프로젝트이다. 세부연구를 통해 중원의 황화문명과는 애초 이질적이었던 요하 홍산문명을 중화문명의 시발점으로 만들어 북방 고대민족의 상고사와 고대사를 중국사로 편입하려는 것이다.

중국은 이제 그들의 자부심이었던 황하문명과 만리장성을

넘어 요하문명을 그들 문화의 원형으로 탈바꿈시키고 있다.

중국학자들은 '다민족역사관'을 내세우고 있다. 즉 중국은 한족漢族을 중심으로 55개의 소수민족이 만든 국가라는 것이며 현재 중국 국경 안에서 이루어진 모든 역사는 중국의 역사라는 것이다. 요하문명도 중국문화라는 논리다.

중국학자들은 홍산문화의 곰토템을 황제족과 연결시켜 요서지역이 황제족 영역이었다는 논리로 전개시키고 있다. 중국에서는 이 우하량 지역을 웅산熊山이라고 보고 유웅씨有熊氏와 그 후예인 황제黃帝헌원軒轅, 그리고 황제의 손자 고양왕 전욱顓頊 등의 조상으로 여긴다.

이렇게 중국은 세계 경제대국에 올라서면서 이제는 동방 한민족의 시원문화를 송두리째 자기들의 고대 문화로 조작하여 중화주의를 바탕으로 한 문화대국을 꿈꾸고 있는 것이다.

1980년대 요령성박물관 린신건藺辛建은 「홍산문화와 고고전설」에서 "홍산문화는 전욱, 제곡의 유존"이라고 하였다. 곽대순은 "홍산문화의 고고발굴결과 고사전설은 황제중심의 오제시기로, 전기의 대표인물(전욱과 제곡)이 북방지구에서 활동한 가능성을 증명하고 있다."고 지적하였다.[125]

중국사회과학원의 엽서헌葉舒憲은 곰토템의 황제집단 기원설을 주장했다. 그는 『곰토템熊圖騰-중국조선신화심원中國祖先神話探源』에서 "동북아지역 여러 민족의 전래 곰토템 신화는 중국

---

125) 김선자, 『만들어진 민족주의 황제신화』(서울: 책세상, 2007), 466-467쪽.

인들의 공동조상인 황제집단에서 기원하며, 단군신화는 중국 황제족黃帝族의 곰토템신화에서 나왔다"고 주장하였다.

그것이 고대 퉁구스인과 가까운 종족군의 전파 작용에 의해 조선족(한민족)의 옛 기억 속에 뿌리를 내려 지금까지 동아시아 지역에서 가장 완전한 형태의 웅모생인熊母生人 신화를 남겨놓았다는 것이다.

그의 주장에 따르면, 곰토템은 유웅씨有熊氏라는 별명을 가졌던 황제집단에서 시작돼 우순虞舜 시대와 하夏나라 시대로 이어졌고, 곰을 조상으로 삼는 신화는 전욱顓頊을 거쳐 진秦나라, 조趙나라, 초楚나라의 광범위한 지역으로 전승됐다는 것이다. 그는 '옥웅룡'을 곰과 용이 합쳐진, 중국인을 대표할 수 있는 도상이라고 규정한다.

곰토템은 『제왕세기帝王世紀』의 "황제위유웅黃帝爲有熊"의 기록을 근거로 한다. 소병기蘇秉琦는 "황제시대의 활동중심이 홍산문화의 시공구조와 대응된다."고 지적한 바 있다.[126]

곰토템은 황제에게서 증명된다. 황제의 호가 유웅有熊인 원인은 유웅에 도읍을 하였고, 유웅국 군자의 아들이기 때문이다.[127]

이렇게 중국의 학자들은 중국의 고문헌에는 황제족의 곰토템과 관련된 기록이 없지만 그 실마리는 남아 있기 때문에 황

126) 張碧波·張軍, 『中華文明探源』(上海人民出版社, 2007), 142쪽.
127) 郭大順, 『龍出辽河源』(天津: 百花文藝出版社, 2001), 129쪽.

제족 곰토템 신화를 복원할 수 있다는 입장이다.

엽서헌은 우하량 여신묘의 곰머리(熊頭)에 대해서 다음과 같은 3가지 해석이 가능하다고 하였다.

(a) 곰머리의 존재는 홍산인 숭배의 웅신우상熊神偶像을 대표한다.

(b) 씨족의 토템을 대표하여 곰이 부락의 조상이라는 혈연관념을 체현한다.

(c) 대표적인 것은 웅신사자로, 즉 사람과 신을 소통시키는 중개물이다.

이상의 3가지 해석은 모두 곰토템과 연관이 있다.[128]

곰토템의 황제족 기원설에 대해서는 중국 학계에서도 별로 호응을 얻지 못하는 분위기다. 중국 문화사를 보면 황제족은 '용의 자손'이란 믿음 속에 '용'을 중시해왔다. 이들은 또 다산의 상징으로서 농경생활과 관계가 깊은 돼지를 의미 있는 동물로 여겼다. 홍산문화 영역에서 확인된 '옥룡'의 원형이 돼지에서 비롯됐다는 학설은 그래서 설득력을 가졌다. 그런데 어느 날 옥저룡이 옥웅룡으로 둔갑하기 시작했고, 고조선의 건국역사의 뿌리까지 흔들고 있는 것이다.

그러나 홍산문화 지역의 여러 유적·유물 발굴에 의해 밝혀

128) 田秉鍔,『龍圖騰-中華龍文化的源流』(北京: 社會科學文獻出版社, 2008), 40쪽.

지고 있는 신석기인의 곰숭배 문화는 황제족의 것이 아니라 퉁구스족이 가져온 2만-3만년 전의 고아시아족 것으로서, 황제족과 직접적인 관련이 없다는 게 국내 학자들의 일반적인 학설이다.

곰토템의 황제족 기원설에 따르면, 황제족의 곰토템은 한국의 건국신화인 단군신화와 같은 것으로, 중국의 황제와 한국의 단군은 같은 '곰토템'을 지닌 친족이 된다. 그리고 인류가 어떤 동물을 토템으로 선택할 때는 우선 자신들이 기댈 수 있는 보호신으로 간주되는 동물, 자기들이 잘 알고 있으며 친족으로 간주되는 동물을 택한다. 황제가 곰토템을 갖고 있었다면, 황제를 대표로 하는 소위 '화하족華夏族'이 곰과 혈연관계가 있거나 곰을 자신들의 보호신이라고 생각하는 관념이 있어야 하는데, 그런 기록이 보이지 않는다.

'황제 유웅씨'라는 기록은 중국의 고문헌에는 보이지 않는다. 『사기』「오제본기」에 '그래서 황제는 유웅이 되었다(故黃帝爲有熊)'라는 기록은 보이지만 그것의 유래라든가 명칭의 의미에 대해 설명하고 있지는 않다. 그리고 역사적 진실성을 의심받는 『제왕세기』에 처음으로 등장한다.[129]

홍산문화의 곰숭배는 오히려 환웅족, 웅녀족을 포함한 동이족의 문화 원형을 보여주고 있다.

웅녀족은 곰을 숭배했다. 기원전 3500년이면 모계사회였으

---

129) 葉舒憲, 『熊圖騰-中國祖先神話探源』(上海: 上海錦綉文章出版社, 2007), 41쪽.

니 곰족은 곧 웅녀족이라는 추측이 가능하다. 우하량 여신전은 제사터이므로, 웅녀족은 이곳에서 성스러운 제사를 지낸다.

홍산문화의 주인공은 동이족으로, 곰을 토템으로 하는 웅녀족이 환국의 후손인 환웅족에 의해 문명화된 사실을 전하고 있는 『삼성기』의 기록과도 일치하고 있다.

(6) 황제의 고향

황제의 고향이 어디인지에 대해서는 중원 하남성이라는 설도 있고, 남방 하북성이라는 설, 곰토템과 연관하여 요서지역이라는 설까지 등장하였다. 또한 황제가 묻힌 장소에 대해서도 여러 가지 설이 있다. 그것은 황제릉의 위치에 대해 『사기』「오제본기」에 "황제黃帝가 죽은 뒤, 교산橋山에 장사지냈다."[130]라고 기재되어 있으나 교산의 위치와 소속 군현 등을 지명하지 않았고, 따라서 한 대 이후 황제릉의 위치에 대해 다른 견해가 생겼다. [131]

그런데 중국은 하남성을 기점으로 중국 성씨의 뿌리찾기를 진행하고 있다.

중국 300개 성씨 중 황제의 고향 하남성에 기원을 둔 성씨가 무려 172개였고, 100개의 대성 중 77개가 하남에 뿌리를

---

130) 김선자, 「홍산문화의 황제 영역설에 대한 비판」(『동북아 곰 신화와 중화주의 신화론 비판』 동북아역사재단, 2009), 206쪽.
131) 黃帝,崩, 葬橋山.(『사기』「오제본기」)

두고 있었다.

중국은 황제를 중심으로 오제를 단지 기억 속 영웅이 아니라 역사 속 영웅으로 부각시키며, 오제가 역사적 연속성을 가지고 있다면서 오제 시대가 중국 고대의 역사적 실제와 그 시대의 시대적 본질에 부합한다고 주장한다.

황제의 무덤과 요릉, 복희릉에 황제와 요, 복희가 실제로 묻혀 있다고 지식인들이 믿을 리가 없음에도 중국은 그곳이 황제의 무덤이라 말하고 용의 무덤이라고 말한다. 고대인들이 만들었다는 성터, 거대한 묘지나 제사터 등에 중국 고고학자들이 집착하는 것은 바로 그런 것들이 '권력'의 존재를 가능하게 하여 '왕권'과 통하게 하며 왕권의 존재는 바로 '왕조'의 존재를 확인시켜주는 증거가 되기 때문이다. 황제와의 접점을 찾아내려는 그들의 노력은 역사적 혹은 문화적 기억과의 접점을 찾아내 민족의 동질성을 강화하려는 의도에서 비롯된다.

황제의 무덤은 바로 민족을 하나의 혈연으로 묶을 수 있는 중심점을 제공하는 공간이다. 무덤을 통해 민족은 공동의 기억을 가지게 되고 새롭게 창조된 민족의 추억을 통해 동질성을 확보할 수 있다. 그리고 이는 강한 국가를 만드는 데 필수적이다.

현대 중국의 지도자들이 원하는 강한 중국, 최고의 문명을 가진 중국을 만들기 위해서는 민족 단합이 반드시 필요하고, 이를 위해서는 한족뿐 아니라 다른 55개의 소수민족도 모두 포함해야 한다. 근대 시기에 중화사상, 배만사상을 주장하는 혁명론자들에게 배제되었던 소수민족들까지 모두 포함하여 위대한 중화민족의 범주에 넣기 위해서는 새로운 상징이 필요했고 그 상징으로 등장한 것이 바로 소수민족이 숭상하는 염제와 치우다. 중화삼조당은 바로 이러한 의도로 만들어진 성과물이다.

그러나 여기서 간과해서는 안 될 것이 있다. 중화삼조당의 가운데에 앉아 있는 인물은 여전히 황제라는 점이다. 황제보다 약간 작게 만들어진 염제와 치우는 여전히 황제의 좌우에 앉아 있다. 현재 진행되고 있는 역사 프로젝트들이 중원 땅에 집중되어 있다는 점은 여전히 중국이 중원 중심주의를 버리지 않고 있다는 것을 보여준다. 소수민족은 여전히 포획의 대상이고, 다민족 일체론도 결국은 변형된 일원론에 불과한 것이다.[132)]

개혁 개방 이후 21세기로 접어들면서 중국은 세계 초강대국으로 팽창할 절호의 기회를 맞이했다. 사회주의라는 이념의 그늘 아래 오랫동안 잠들어 있다가 폭발적인 성장을 거듭하며 정치적, 경제적 자신감을 되찾은 중국은 이제 세계에서 가장 오래된 '문명 고국'으로 거듭나려는 욕망을 품게 되었고, 중국 민족을 결집시켜줄 존재로 '황제'를 발견하였다. 이렇게 황제는 중국 민족의 위대한 조상으로 받들어지고 있다. 반면에 황

---

132) 陝西省淸明公祭軒轅黃帝陵典禮籌備工作委員會辦公室, 『軒轅黃帝傳』(陝西人民出版社, 2002.), 144-159 참조.

제 보다 앞선 복희, 신농 등의 인물에 대해서는 신화·전설상의 인물로 치부하였다. 그런데 황제는 신농과 같이 소전의 후손, 즉 고시씨의 방계 후손으로 동이계의 인물이다.

5. 요순堯舜

삼황오제에서 복희와 신농이 삼황을 대표하는 인물로 주로
거론되는데 비해 요순은 삼황오제중 오제를 대표하는 인물로
등장하곤 한다. 『사기』에는 오제를 대표하는 인물로 황제와
함께 요순을 들고 있다.

(1) 요堯

정식 이름은 당제요唐帝堯로, 고대 제왕 가운데 순과 함께 대
표적인 성인군자로 칭송받고 있다.

사마천도 요堯에 대해서 『사기』 「오제본기」에서 백성을 위하
고, 만국을 화합하게 하는 군자로 표현하였다.

제요는 방훈이다. 그 어짐은 하늘과 같았고 그 앎은 신과
같았다. 나아감은 해와 같았고 바라봄은 구름과 같았다.
부유하였으나 교만하지 않았고 귀하게 되었으나 자랑하
지 않았다. 거친 옷을 입고 빨간 차에 흰말을 타고 다녔
다. 능히 길들임과 덕에 밝았다. 구족과 친해지니 구족은
이미 화목하였다. 백성을 편안하게 하였다. 백성은 환하
게 밝았고 만국이 화합하여 평화로웠다.[133]

133) 김선자, 『만들어진 민족주의 황제신화』(책세상, 2007), 참조.

요堯가 생존했던 시대는 국가 형성 직전의 원시사회 말기에 해당된다. 앙소문화仰韶文化로 대표되는 채도彩陶문화는 황제씨黃帝氏, 도당씨陶唐氏, 하우씨夏后氏로 이어지는 중국 신석기시대의 농업문화이다. 앙소문화 말기부터 용산문화 초기는 오제시기五帝時代에 해당한다. 오제시대에는 각 집단 간의 전쟁, 접촉이 빈번하였다.

요堯가 어떻게 천하를 얻었는지에 대해서는 상세한 기록이 없으나, 『회남자淮南子』에는 다음과 같이 요가 초백楚伯의 명을 받아서 예羿를 시켜 천하를 평정한 후 제위에 올랐다고 기록되어 있다.

요가 단수丹水 가에서 싸우다. 초백楚伯으로부터 명을 받아 불의不義를 단수에서 멸하다. 단수는 남양에 있다.[134] 요가 마침내 예羿로 하여금 착치를 주화의 들에서 죽이고, 구영을 흉수 가에서 죽이고, 대풍을 청구의 못에서 화살로 쏘아 죽이고 …[135]

『상서』「요전堯典」을 살펴보면, 요가 통치하던 시대에는 천문과 역법과 농업이 발전하였고 전문적으로 이 일들을 관장하는

---

134) 帝堯者, 放勳. 其仁如天, 其知如神. 就之如日, 望之如雲. 富而不驕, 貴而不舒. 黃收純衣, 車乘白馬. 能明馴德, 以親九族. 九族旣睦, 便章百姓. 百姓昭明, 合和萬國.(『사기』「오제본기」)
135) 堯戰於丹水之浦. 堯以楚伯受命滅不義於丹水. 丹水在南陽.(『淮南子』「本經訓」)

관리들이 출현했다고 하는데, 이는 국가 형태가 이미 싹트고 있었음을 말해주는 것이다.

은작산銀雀山 한묘漢墓에서 출토된『손빈병법孫臏兵法』에는 "요가 천하를 통치하였을 때에 왕의 명령을 거부하고 따르지 않은 자가 일곱인데 그 중에서 이민족에서 둘이고 중국에서 넷이다"[136]라는 기록이 있다. 여기에서 요가 통치하는 기간에도 요에게 도전하는 집단들이 적지 않았음을 짐작할 수 있다.

요의 통치 시대에는 수재, 한재 등의 자연재해가 빈번하였고, 요는 이러한 재해를 극복하는 과정에서 중대한 역할과 성취를 하였던 것으로 보인다. 그렇다면 그의 이러한 성취로 인해 그의 영향력은 더욱 커졌을 것이다.[137]

(2) 순舜

정식 이름은 우제순虞帝舜으로, 공자는 그를 완전함과 찬연히 빛나는 덕의 상징으로 칭송했다. 그의 이름은 항상 전대의 제왕인 요堯와 관련되어 언급된다.

요임금은 나이가 많아서 나라를 넘겨줄 인물을 찾고 있었다. 그 중에 순의 효성과 지극한 품행은 대신들의 입을 거쳐 마침내 요임금의 귀에까지 들어가게 되었다. "순이라는 사람

---

136) 堯乃使羿誅鑿齒於疇華之野. 殺九嬰於凶水之上. 繳大風於靑丘之澤.(『淮南子』「本經訓」)

137) 堯有天下之時, 黜王命而弗行者七, 夷有二, 中國四……(『손빈병법孫臏兵法』)

이 현명하고 바르고 근면하다고 하니, 내가 그를 한 번 시험해 보겠다." 그러고는 자신의 두 딸 아황과 여영을 순에게 시집보내 집안에서의 인격을 살펴보게 하였다. 요는 순이 천자의 자질이 되는지를 여러 방면으로 시험하였는데, 모든 일을 항상 두 딸과 상의하였다. 여러 시험을 거쳐 천자의 후계자로 지목된 순은 요로부터 천자의 자리를 물려받아 천자가 되었다. 아황은 후后가 되고, 여영은 비妃가 되었다.

『사기』「오제본기」에 순에 대한 사적이 간략히 기술되어 있는데 그 글은 다음과 같다.

순은 기주 사람이다. 역산에서 농사를 지었고 뇌택에서 고기잡이를 하였으며, 하빈에서 도자기를 구웠다. 수구에서 열 가지 그릇을 만들었으며 부하로 나아갔다. 순의 아버지는 고수로 우둔하였고, 어머니는 어리석었으며, 아우인 상은 거만하였는데, 모두 순을 죽이고자 하였다. 순은 순종하고 도리에 맞게 하여 아들의 도를 잃지 아니하였고, 아우에게 형 노릇하고 부모에게 효도하였다. 죽이고자 하였으나 죽이지 못한 즉 그렇게 하고자 하면 일찍이 비껴 나갔다. [138]

순舜의 활동지역에 대해 살펴보면, 『맹자孟子』「이루하離婁下」

---

138) 이재석·김선주, 「요순선양설에 대한 비판적 고찰」(『증산도사상』, 대원출판, 2001), 참조.

에는 "순은 제풍諸馮에서 태어나서, 부하負夏로 옮겼다가 명조鳴條에서 죽었다. 동이인東夷人이다."라고 하여 순이 동이 사람임을 밝히고 있는데 이는 순의 활동지역이 동방이라는 증거가 된다.[139] 『사기』「오제본기五帝本紀」에는 "순은 기주인冀州人으로 역산歷山에서 농사짓고, 뇌택雷澤에서 고기잡고, 하빈河濱에서 도자기 굽고, 수구壽丘에서 십기什器를 만들고, 부하負夏에 때에 맞추어 갔다."[140]라고 하였고, 『제왕세기帝王世紀』에는 "고수의 처는 악등握登으로 … 요허姚墟에서 순을 낳았으므로 성을 요姚라고 한다. … 본가는 기주冀州이다."라고 기록되어 있다. 이상의 지명은 고고학자들의 견해에 차이가 있지만 대체로 현재의 하남과 산동 교계郊界에 해당한다.

위의 기록에 의하면 순의 활동무대는 용산龍山문화의 본거지로서 동이족의 활동무대인 하남과 산동 교계郊界에 해당한다. 순은 그 곳의 지배자라고 볼 수 있다.[141]

중국 고고학 연구 성과에 의하면, 중원용산문화는 앙소문화仰韶文化와 이리두문화二里頭文化의 중간시기에 해당한다. 대다수의 학자들은 앙소문화는 씨족사회시기로, 이리두문화는 문명

---

139) 舜, 冀州之人也. 舜耕歷山, 漁雷澤, 陶河濱, 作什器於壽丘, 就時於負夏. 舜父頑, 母, 弟象傲, 皆欲殺舜. 舜順適不失子道, 兄弟孝慈. 欲殺, 不可得 ; 卽求, 嘗在側.(『사기』「오제본기」)

140) 송대宋代『태평환우기太平寰宇記』에 "요堯는 북적지인北狄之人이라" 했고,『맹자孟子』에서 "순舜는 동이지인東夷之人이라"라고 하였다.

141) 舜冀州之人也. 舜耕歷山, 漁雷澤, 陶河濱, 作什器於壽丘, 就時於負夏.(『사기』「오제본기」)

시기로 진입하였다고 보고 있다.

근 이십년 이래의 발굴과 연구로 이리두二里頭文化의 내용에 대해 비교적 심도 있는 이해가 가능하여졌고, 하문화를 탐색하는데 기초가 마련되었다.[142] 이리두문화의 유적지에서 발견된 면적이 수천 내지 1만 평방미터의 항토夯土건축기지, 대형의 주동작방鑄銅作坊과 각종의 청동예기靑銅禮器 등은 모두 연대가 가장 초기의 것으로 하문화와 중국문명의 형성과정을 이해하는데 중대한 의의를 갖는다.[143]

고고학상 용산문화에 속하는 시대는 사회대변혁의 시대이나. 씨족제의 공동노동, 평균분배의 원칙은 이미 타파되고, 권력, 문화 등이 소수의 상층에 집중되었다. 사유제의 출현으로 씨족간의 공동이익 관념은 점차 사라지고 대항과 반목을 하는 현상이 나타나게 되었다.[144]

용산문화의 취락형태로 보면 중심 지역과 그 외의 등급 지역으로 나뉘어져 있음을 알 수 있고, 도사陶寺 묘지의 정황은 그 사회가 불평등한 등급으로 나뉘어져 있으나 왕의 묘와 같은 단독의 묘지는 나타나지 않았음을 반영한다. 도사陶寺의 중형묘 주위에 대형묘가 매장되어 있는 것을 통해 양자 사이에

----

142) 田繼周, 『先秦民族史』(四川民族出版社, 1996), 119-120쪽.

143) 대표적인 연구성과로는 中國社會科學院考古硏究所二里頭工作隊, 「河南偃師二里頭二號宮殿遺址」(『考古』, 1983.3.), 中國社會科學院考古硏究所河南第2工作隊, 「偃師商城獲重大考古新成果」(『中國文物報』, 1996.12.) 등이 있다.

144) 中國社科院, 「考古硏究所史前考古二十年」, 『考古』1997.8. 참조.

긴밀한 혈연 관계가 있고, 씨족 혹은 부락 추장과 친소 관계가 다른 성원이 함께 매장되어 있음을 알 수 있다. 중형묘의 대부분에서 석월石鉞 등이 매장되어 있는 것을 통해 부락 영수 주위에 무사집단이 형성되어 있다고 추측할 수 있다.[145]

이와 같이 중원용산문화는 사회대변혁의 시대로 소위 영웅시대에 해당된다. 당시의 계급모순은 이미 첨예화되었으나, 씨족조직의 울타리를 벗어나지 못하고 국가사회에 진입하지 못한 단계이다.[146]

중국 문헌에서 아황과 여영에 관한 신화전설의 기록은 그들의 남편인 순에 관한 기록과 연관지어 살펴볼 수 있다.

요는 아황과 여영 두 딸을 순에게 시집보냈다. 유향의 『열녀전』「유우이비有虞二妃」편에 나오는 "요의 두 딸 중 장녀가 아황이고, 차녀가 여영이다.", "아황은 후가 되었고, 여영은 비가 되었다.(娥皇爲后, 女英爲妃)"라는 기록에 의하면, 아황과 여영은 순의 공동의 처임을 알 수 있다.

문헌의 기록에 의하면 요의 두 딸 아황과 여영女英 이외에도 순은 여러 명의 아내가 있었다. 『산해경』에는 순의 아내로 등비씨登比氏라는 인물이 등장하는데, 그녀는 소명宵明과 촉광燭光을 낳았다.[147] 『죽서기년竹書紀年』에는 "제순帝舜30년, 후맹后盲을

---

145) 편집부 편,「中國文明起源硏討會紀要」,『考古』1992.6, 545쪽.
146) 편집부 편,「中國文明起源硏討會紀要」,『考古』1992.6, 532쪽.
147) 편집부 편,「中國文明起源硏討會紀要」,『考古』1992.6, 532쪽.

위渭에 장사지냈다."[148]라는 기록이 있다. 그러나 『상서』, 『사기』 등의 순에 관한 기록에는 순의 아내로 아황과 여영을 거론하고 있을 뿐이다.

아황과 여영은 순의 두 부인이다. 중국 신화전설 속에서 순은 제준帝俊과 같은 인물로 간주되곤 한다. 그런데 제준의 아내라고 언급되는 이 중에 아황이 있다.

제준의 또 다른 아내로 언급되는 이름은 아황이다. 인간 세계와 좀더 직접적으로 관련돼 있는 아황은 삼신족을 낳았으며, 이 삼신족은 의균義均을 낳았다. 이 의균은 순의 아들 가운데 왕위를 계승하지 않고 상 지역에 봉읍을 받은 상균商均과 연결될 수 있다. 아황은 또 순 임금의 아내이기도 하며, 『제왕세기帝王世紀』에 따르면 아황과 삼신족 모두 요堯와 똑같은 '요姚'성을 썼다. 제순과 제준帝俊 역시 같은 인물로 간주된다. 이는 '준俊'과 '순舜'의 음이 비슷하다는 점과, 둘의 아내인 아황을 포함해 그들의 역할과 관계가 일치한다는 점에 근거한다.[149]

곽말약郭沫若은 『중국고대사회연구』, 『갑골문자연구』 등의 저술에서 요가 그의 두 딸(아황, 여영)을 순에게 시집보냈다는 내용의 아황과 『산해경』에서 말한 '제준의 처 아황'의 아황이 한 사람이라고 논술하였다.[150]

---

148) 『山海經』「海內北經」, "舜妻登比氏生宵明, 燭光, 處河大澤, 二女之靈能照此所方百里, 一曰登北氏."[鄭在書(譯註), 『山海經』(서울:민음사, 1999)], 276쪽.
149) (帝舜)三十年, 葬后盲于渭.(『竹書紀年』권2)
150) 사라 알란(저), 오만종(역), 『거북의 비밀, 중국인의 우주와 신화』(서울:예문서원,

순의 본족인 동이족은 새 토템의 부족으로 더욱이 봉황은 종합적 토템으로 최고의 정신적 지배력을 갖는다. 용은 서방 부족의 종합적 토템으로 요와 그의 두 딸의 본족 토템이 된다.

서량지徐亮之는 순이 요의 두 딸을 공동의 처로 맞이함으로 동서 부족 연맹을 실천하게 되었으나 이로부터 토템의 모순에 빠지게 되었다고 보고 있다.[151]

『사기』,『맹자』 등에는 요순 선양에 관한 전설 가운데 순의 부친인 고수와 그의 아우 상象이 순을 모해하는 고사들이 보인다. 몇 번의 죽을 고비를 자신의 기지로 위기를 벗어난 순은 부친과 동생에게 이전과 다름없이 효도와 우애를 다 한다. 순의 아버지 고수와 배다른 동생 상象이 공모해 순을 죽이려고 하였지만 순은 상을 유비有庳 땅에 봉해 주었고, 아버지 고수를 섬기는 것은 전과 똑같았다.

이러한 순의 효를 강조하는 고사들은 그 이전부터 알려진 전설 속에 전국시대 유가와 묵가가 순의 왕위계승을 합리화하기 위하여 그 가운데 첨가했을 가능성이 높다. 순을 미화시키기 위하여 고수의 악명이 반만 년 동안이나 사람들의 입에 오르내리게 되었다.

『상서尙書』와 『사기史記』 등 중국의 모든 전적들은 요와 순의 제위 이양을 고대 성현간의 선양이라 칭하고, 순과 그 부모 및

2002), 68-69쪽 참조.

151) 葉林生,『古帝傳說與華夏文明』(合爾濱:黑龍江教育出版社, 1999), 191-192쪽 참조.

그 아우 상과의 불화를 부완父頑, 모악母惡, 제오弟傲에 기인한 것이라 한다. 그런데 그 이면에는 이러한 토템의 모순들이 내포되어 있다. 순은 이러한 토템의 모순으로 그의 본족과 모순 관계에 놓이게 되었다고 한다. 순의 부친 고수와 그의 동생 상은 모두 협애한 토템주의자로서 그들은 새 토템 지상, 동방지상의 주장을 하였다.[152]

순은 만년에 남쪽 여러 지방을 순시하였는데 도중에 창오蒼梧에서 죽고 말았다. 그와 고락을 함께 했던 두 아내 역시 이 불행한 소식을 듣고서는 간장이 끊어질 듯이 슬퍼하였다고 한다. 그래서 그녀들은 수레와 배를 타고 즉시 남쪽으로 가는데, 가는 도중에 보이는 각 지방의 수려한 경치가 더욱 마음을 슬프게 해 눈물이 샘물처럼 솟아나왔다. 이 상심의 눈물이 남쪽의 대나무숲에 흩뿌려지자 그 대나무에는 온통 그녀들의 눈물

순임금

아황과 여영 사당아래 전경

152) 徐亮之, 『中國史前史話』(華正書局, 1976.), 261-262쪽.

자국이 남겨지게 되었다.

피눈물이 대나무 위로 흘러서, 대나무에 얼룩얼룩한 반점이 물들었다. 이 대나무를 상비죽湘妃竹이라 부른다. 이런 연유로 해서 후에 남방에는 상비죽湘妃竹이라는 무늬있는 대나무가 생겨나게 되었다. 두 왕비는 상수湘水라는 강을 건너다 풍랑을 만나 빠져 죽고 말았고, 후에 두 왕비의 혼은 상수의 여신으로 화하였다고 한다 혹은 아황과 여영은 비탄을 이기지 못하여 두 사람이 함께 상수에 몸을 던져 투신자살하였다고도 한다.

그런데 여기서 순과 두 왕비의 비극적인 최후에 의문이 생기게 된다. 후대 유학자들에게서 정치의 모범으로 이상화하였던 선양이라는 절차를 거쳐서 천하를 다스리고 태평성대를 구가하였던 순의 돌연한 객사와 그의 두 왕비의 피눈물을 흘리며 죽어간 사연들은 그들에 대한 신화상의 이미지와 부합되지 않기 때문이다.

이는 요순선양의 미화와 역사왜곡과 결부되어 볼 수 있으며, 정치투쟁과 관련한 순의 피살설과 두 왕비의 죽음 등에 관한 진실이 영웅신화의 이미지에 지워진 것일 수도 있다.[153]

(3) 요순선양

『사기』의 「오제본기五帝本紀」와 「하본기夏本紀」를 통해서 요순간의 선양에 관한 전말을 살펴볼 수 있다.

153) 徐亮之,『中國史前史話』262쪽.

요는 재위한 지 70년이 지나자 후계자를 양성할 생각을 하였다. 그런데 요의 아들 단주丹朱는 불초하였다. 천하 사람들을 위해서 생각한다면 제위를 단주에게 전해줄 수는 없었다. 그래서 요는 사악四嶽을 소집하여 회의를 열고 후계자를 추대하는 문제를 공동으로 상의하였다. 요가 사악에게 자문을 구하였다. 『여러분 중에 천명에 순응해서 나의 자리에 들어와서 천하를 통치하는 일을 할 사람이 있는가?』 사악은 이 말을 듣고서는 모두 스스로를 아는 현명함을 갖추고 있는지라 자신들은 덕이 부족하여 이 직책을 감당하기 어렵다고 생각하였다. 이에 그들은 공동으로 순을 요에게 추천하며 순은 반드시 이 직책을 감당할 수 있을 것이라고 주장하였다. 요는 비록 자신도 여러 차례에 걸쳐 순이 민간에서 행한 모범적인 덕행에 대해 들은 적이 있었지만 이것은 천하의 대사이기 때문에 경솔하게 전위를 할 수가 없어서 순에 대해 다방면에 걸친 엄격한 시험을 하였다. 예를 들면 요는 자신의 두 딸인 아황蛾皇(長女)·여영女英(次女)을 순에게 시집보내서 순의 집안 다스리는 방법을 관찰하였고, 다시 아홉 아들을 순과 같이 살게 해서 밖에서 드러나는 그의 행동을 살폈다. 또 요는 순에게 오교五敎·백관百官의 일을 담당하게 해서 사도司徒의 직책으로써 그를 시험하였다. 그 결과 순은 집안을 다스리는데 훌륭하였을 뿐 아니라 직책을 수행하는데도 뛰어난 능력을 발휘하였다. 이 때문에 요는 크게 기뻐하였지만 더욱 확실하게 하기 위해서 순에게 산림천택山林川澤에 들어가게 하였는데 그 결과 순은 폭풍이나 폭우 속에서도 길을 잃지 않았다. 이렇게 해서 요는 초보적으로 순의 재능을 믿게 되었다. 이어서 다시 순에 대해 다각도로 치국하는 능력을 키우는 훈련을 시켰다. 장장 28년 동안의 시험과 훈련을 거쳐서야 요는 비로소 안심하고 제위를 순에게 선양하였다. 그러나 요가 승하하자 삼년상을 마치고 순은 여전히 겸양의 미덕을 발휘하여 제위를 요의 아들인 단주丹朱에게 전해주고 자신은 남하南河의 남쪽으로 숨어버렸다. 그러나 이때 순이 제帝가 되는 일은 이미 여러 제후들에게 승인이 된 것이라서 제후들은 순에게 조근朝覲하러 가고 단주에게 가지 않았으며, 소송 문제도 순에게 의뢰하고 단주에게 하지 않았으며, 순의 덕을 노래하고 단주를 노래하지 하지 않았다. 순은 이렇게 되자 할 수 없이 천자의 자리에 올랐다.

왕도덕치와 대동세계의 구현을 강조하는 유가에서는 요순堯舜 두 임금을 최고로 높인다. 유가에 의하면 그들은 절대선의 천도를 따라 덕치를 폈으며, 천하를 사유화하지 않고 공기公器로 보고 유덕자에게 대권을 선양禪讓했다. 즉 왕도정치에서 가장 큰 미덕으로 일컬어지는 것이 요순간의 선양이다.

이렇게 유가에서 요순의 선양을 정치의 모델로 삼고 있으나 『태백일사』「삼한관경본기」 번한세가 상에서는 요순선양이 요 임금이 자신의 뜻에 따라 이루어진 것이 아님을 밝히고 있다.

치우천황께서 서쪽으로 탁예涿芮를 정벌하고 남쪽으로 회대

淮岱를 평정하여 산을 헤치고 길을 내시니 그 영토가 만 리나 되었다. 단군왕검 때는 당요와 같은 때인데, 요의 덕이 갈수록 쇠하여 영토 분쟁이 끊이지 않았다. 이에 천왕(단군왕검)께서 우순에게 명하여 영토를 나누어 다스리게 하고, 군사를 보내 주둔시키셨다. 우순과 함께 당요를 정벌할 것을 언약하시니, 요임금이 힘에 굴복하고 순에게 의탁하여 목숨을 보존하고자 나라를 넘겨주었다. 이때 순 부자와 형제가 다시 돌아가 한집 안을 이루니, 대저 나라를 다스리는 도는 부모에게 효도하고 형제간에 우애있게 함을 우선으로 하기 때문이다.[154]

고조선의 도움으로 보위에 오른 순은 9년 동안 계속된 물난 리를 고조선의 도움으로 해결하였다. 9년 동안 홍수가 일어나 그 재앙이 만민에게 미치므로 단군왕검께서 태자 부루를 보내 어 순임금과 약속하게 하시고, 도산塗山 회의를 소집하셨다. 순 임금이 사공司空 우禹를 보냈다. 우는 순을 대신하여 도산회의 에 참석하여 고조선의 태자 부루에게서 오행치수법이 적힌 금 간옥첩을 받았고, 이 비법으로 홍수를 해결하였다.

신화를 역사화시킨 대표적 인물이라고 평가되는 사마천司馬 遷『사기』의 「오제본기五帝本紀」와 「하본기夏本紀」 속에서 『상서』 의 「요전」 및 선진 시기 각 저작에 기록된 내용을 종합해서 요 순간의 선양 정황에 대해 고사 발전의 선후 순서에 따라 배열

---

154) 於是 舜之父子兄弟 復歸同家 盖爲國之道 孝悌爲先.(『태백일사』「삼한관경본기」 번한세가 상)

해서 체계적이고 비교적 상세한 서술을 하였다.

『맹자』「만장상萬章上」에서 요순 선양 문제를 언급하는 가운데 다음과 같은 내용이 나온다.

요가 승하하자, 삼년상을 마치고 순은 남하의 남쪽으로 요의 아들을 피하였다.
순이 승하하자, 삼년상을 마치고 우는 양성으로 순의 아들을 피하였다.
우가 승하하자, 삼년상을 마치고 익은 기산의 북쪽으로 요의 아들을 피하였다.[155]

요는 단주에게 양위하지 못하였고, 순은 상균에게 전위하지 못하였고, 우도 자기의 아들에게 직접 전위를 하지 못하였다. 이러한 선양의 방식은 유가에 의해 윤색된 것이다. 그러나 순이 요의 아들을 피하고, 우가 순의 아들을 피하고, 익이 우의 아들을 피한 것은 완전히 조작된 것인가? 이는 당시의 모순상황이 반영되어 있는 것이다. 즉 세습제가 확립되지 못한 국가 형성 직전의 원시씨족사회 말기 귀족간의 세력 쟁탈 모순을 반영하는 것이다.

요와 순의 선양에 대해서는 사실이 아니라는 견해를 넘어서

---

155) 堯崩, 三年之喪畢, 舜避堯之子于南河之南. 舜崩, 三年之喪畢, 禹避舜之子于陽城. 禹崩, 三年之喪畢, 益避禹之子于箕山之陰.(『맹자』「만장상萬章上」)

순이 요를 핍박하여 제위를 찬탈하였다는 견해도 제기되었다. 앞에서 살펴본 바와 같이, 요·순 간의 선양을 미덕으로 강조하는 유가에서 순자도 요·순 간의 선양은 사실이 아니라는 의문을 표명하였다. 심지어 한비자는 요·순 간의 제위이양은 선양이 아니라 '순핍요舜偪堯'에 의해 이루어진 것이라고 하였다. 이것은 한비자 개인의 견해가 아니라 전국시대에 널리 퍼져있었던 내용이었다고 보여진다.

『죽서기년』의 기록에, "옛날에 요가 덕이 쇠해서 순에게 구금당했다", "순은 요를 구금한 후에 언에서 단주를 가두어 놓고 부자지간에 만나지 못하게 하였다."라고 한 것으로 볼 때 순은 무력으로 권력을 장악하고 천하를 차지하였다. 순은 요의 아들 단주를 외지에서 막고 그들 부자가 만나는 것을 허락하지 않았다. 또한 "순은 남면해서 서 있고 요는 제후들을 이끌고 북면해서 그를 배알하였다.(舜南面而立, 堯帥諸侯北面而朝之.)" 이로 보면, 요가 순에게 굴복당했을 가능성을 배제할 수 없다.

당대唐代 유지기劉知幾는 『사통史通』 「의고疑古」편에서 『급총쇄어汲冢瑣語』[156]를 인용하여 "순이 평양으로 요를 축출하였다.(舜

---

156) 서진 무제 태강太康 2년(281년)에 급군汲郡 사람 부준不準이 위魏 양왕 묘를 도굴하다가 대규모의 죽간을 발견하였는데 거기에 전국시대의 고문蝌蚪文이 기록되어 있었다. 후에 속석束晳·두예杜預 등이 연구 정리하여 예서로 바꾸었는데, 총 16종 75편이었다. 그 중에서 완벽한 것이 68편이고 잔결된 것이 7편으로서 글자 수는 10여만 자에 달했다. 원래의 죽간은 이미 없어졌으며, 책도 후에 태반이 산일되었고 단지 『일주서逸周書』·『죽서기년』·『목천자전穆天子傳』·『쇄어瑣語』 등 4종만이 남아 있는데 모두 원본이 아니다. 『급총서汲冢書』, 서한 때 발견된 고문경古文經 및 근대 은허殷墟

放堯於平陽)"라고 하였고, 또 순이 우에게 창오蒼梧로 쫓겨나서 죽었다고 기록하였다.

요순시대는 원시씨족사회에서 국가 형성 단계의 과도기이므로 힘있는 자에 의한 무력 사용은 보편적인 것이다.

요·순·우는 모두 중인衆人에 의해 선출되었다. 이는 추장추대제도의 모습이다. 사유제와 세습제국면의 국가 형성 이전 추장추대제도는 보편적으로 존재하고 있었던 것으로 보인다.

씨족사회는 토템사회이다. 소위 토템은 고대 씨족과 종교의 의의를 모두 지니고 있다. 중국 고대의 신화 전설의 구성도 토템과 같이 고대 부족 분파의 방식이다. 중국은 염제炎帝를 대표로 하는 동이족東夷族(동방족)과 황제黃帝를 대표로 하는 화하족華夏族(서방족)으로 나뉜다. 순의 본족인 동이족은 새 토템의 부족이다. 더욱이 봉황은 종합적 토템으로서 그들에게 최고의 정신적 지배력을 갖는다. 용은 서방 부족의 종합적 토템으로서 요와 그의 두 딸의 본족 토템이 된다.

동방족의 순이 서방족의 요의 두 딸을 공동의 처로 맞이하고, 요의 제위를 계승함으로써 동서부족연맹을 실현하였다. 순의 부친 고수와 동생 상은 모두 협애한 토템주의자로서 그들은 새 토템 지상, 동방지상의 주장을 하였다.[157] 따라서 순과 고수와의 정치적 불화는 심화될 수밖에 없음을 추측할 수 있다.

에서 발견된 갑골문甲骨文을 중국 문화사상 3대 발견이라고 한다.
157) 徐亮之,『中國史前史話』, 262쪽.

이와 관련하여 소야택정일小野澤精一은 요순선양설의 기저에는 불과 물을 숭상하는 종족의 관계가 전제되고, 양족의 통혼·협력의 관계를 갖고 있다고 지적하였다.[158]

순임금이야말로 대효大孝의 전형으로, 대효를 하는 사람은 종신토록 부모를 사모한다. 그는 쉰 살이 되어서도 여전히 부모를 사모하였다.[159]

『사기』, 『맹자』 등에는 요·순 선양에 관한 전설 가운데 순의 부친인 고수와 아우 상이 순을 모해하는 고사들이 보인다. 여기서 보면 몇 번의 죽을 고비를 자신의 기지로 위기를 벗어난 순은 부친과 동생에게 이전과 다름없이 효도와 우애를 다 한다. 이러한 순의 효를 강조하는 고사들은 그 이전부터 알려진 전설 속에 전국시대 유가와 묵가가 순의 왕위 계승을 합리화하기 위하여 첨가했을 가능성이 높다.

이상에서 살펴보았듯이 요순선양설은 후대에 와서 미화되고 왜곡되었으며, 요와 순의 사이에는 선양의 형식을 빌린 제위 이양이 있었다고 보여진다. 순이 요의 두 딸을 공동의 처로 맞이한 것도 요와 순사이의 제위 이양과 맞물려서 이루어진 것으로, 부족통합에 따른 권력투쟁, 소위 종족간의 정략적 통혼과 밀접한 연관이 있다.

---

158) 小野澤精一, 「堯舜禪讓說話の思想史的考察」, 『中國古代說話の思想史的研究』 (東京:汲古書院, 1982), 49쪽.

159) 賀榮一(저), 박삼수(역), 『맹자의 왕도주의』(울산대학교 출판부, 1997), 114쪽.

6. 삼황오제와 동이

동이족 출신인 담국郯國의 군주 담자郯子가 공자에게 삼황오제와 관련된 동이문화를 가르쳤던 사실에서 알 수 있듯이, 삼황오제로 거론되는 인물들은 동이문화의 창도자임을 짐작할 수 있다.

복희는 동이의 대표적 인물이다.『중국역대제왕록中國歷代帝王錄』에는 태호복희씨는 고대 동이족임을 명시하고 있다.

배달국의 5세 태우의환웅은 아들 열둘을 두셨는데, 이 5세 환웅의 막내아들이 바로 태호복희이다.

복희씨는 신시에서 출생하여 우사 관직을 세습하였고, 후에 청구·낙랑을 지나 진으로 옮겨갔다. 그 서쪽에는 수인씨가 정착해 있었는데 복희씨는 신시배달의 선진 문화를 전수하고 수인씨를 이어 왕이 되었다. 그리고 풍산風山에서 살게 되어 성을 풍씨로 하였다. 인류 최초의 성씨인 풍씨는 뒤에 패佩, 관觀, 임任, 기己, 포庖, 이理, 사姒, 팽彭이라는 여덟 가지 성으로 갈라졌다. 풍씨 성은 15대 만에 끊어지고 다른 성씨로 분파되었다.

신농神農에 대해서 보면, "신농은 소전少典의 아들이시고, 소전은 소호少皞와 함께 모두 고시씨高矢氏의 방계 자손이시다."[160]라고 전한다.

---

160) 神農少典之子, 少典與少皞, 皆高矢氏之傍支也.(『태백일사太白逸史』, 제3,「신시

신농의 아버지 소전은 소호금천과 함께 배달국 고시씨의 방계지류라고 했는데, 고시씨는 배달국에서 대대로 우가牛加의 직책에 있으면서 곡식, 즉 농사를 관장하고 있었다. 그런데 여기서 주목해야 할 대목은 신농의 아버지인 소전이 이 고시씨의 먼 후손이라는 것이다. 소전이 고시씨의 방계 지류라면 결국 염제신농 역시 고시씨의 집안이 된다.

『환단고기』에 의하면 고시高矢씨의 방계지류이자 웅족의 갈래인 아버지 소전少典은, 8세 안부련환웅이 군병을 감독하라는 명령을 내리자 중국 섬서성 강수姜水로 전출을 갔다. 신농씨는 그곳에서 태어나 성장하였고 후에 열산 호북성으로 이주하였다. 이 때문에 신농씨는 성을 강姜씨로 정하게 되었다. 따라서 신농씨의 혈통은 배달국에 그 뿌리를 두고 강수에서 태어났으므로 한국인의 직계 조상이 된다.

이렇게 삼황오제의 대표적 인물인 복희와 신농은 또한 배달국의 문명을 발전시킨 인물로 치우와 더불어 배달국의 위대한 영웅으로 숭상받고 있다.

중국인들이 시조로 여기는 황제헌원은 공손씨의 후손이다. 『사기』에는 헌원의 호를 유웅有熊씨라 했다. 유웅씨는 환웅께서 배달을 건국할 때 통합, 흡수된 웅족熊族 계열로서 동방 문화를 개척한 주역이다. 따라서 헌원의 혈통과 문화의식의 연원은 동이의 웅족 계열이요 배달국인 것이다.

본기神市本紀」)

소전이 인명이건 씨족명이건 황제는 신농과 더불어 소전의 후손임을 알 수 있다. 앞에서 살펴본 바와 같이 황제는 신농과 8대, 오백여년의 간격이 있으나 신농과 황제는 소전의 후손으로 종종 형제관계로 묘사된다.

삼황오제에서 복희와 신농이 삼황을 대표하는 인물로 주로 거론되는데 비해 요순은 삼황오제중 오제를 대표하는 인물로 등장하곤 한다. 앞에서 살펴본 바와 같이 사마천의 『사기』「오제본기」에 기록된 내용을 통해서 보면, 황제 헌원에서 요와 순까지 혈연관계를 이루고 있다.

『사기史記』「오제본기五帝本紀」에 의하면, 요임금은 황제헌원의 첫째아들인 현효玄囂의 손자인 제곡帝嚳의 후손이고, 순임금은 황제헌원의 둘째아들인 창의昌意의 아들인 전욱제顓頊帝의 후손이다.

송대宋代『태평환우기太平寰宇記』에 "요堯는 북적지인北狄之人이라" 했고, 『맹자孟』에서 "순舜은 동이지인東夷之人이라"라고 하였다.

순舜의 활동지역에 대해 살펴보면, 『맹자孟子』「이루하離婁下」에는 "순은 제풍諸馮에서 태어나서, 부하負夏로 옮겼다가 명조鳴條에서 죽었다. 동이인東夷人이다."라고 하여 순이 동이 사람임을 밝히고 있는데 이는 순의 활동지역이 동방이라는 증거가된다.

이렇게 우리가 동이족의 시조라고 보는 복희, 신농 뿐만 아니라, 중국 한족의 시조라고 여기는 황제와 그의 후손들도 동이족과 밀접한 관련을 갖는다.

이상에서 살펴본 바와 같이 삼황오제로 거론되는 대표적인 인물들인 복희, 신농, 황제, 요·순 등은 중국의 시조로 추존되어 신화속에 등장하곤 하지만, 사실은 동이문화의 주인공으로, 동방 배달국의 위대한 성인들이다.

Chapter III

중국 성씨의 기원과 현황

『통지通志』「씨족략氏族略」에서는 성씨의 취득형태를 32종류로 나누었다. 이를 중심으로 주요 중국 성씨의 기원에 대해 살펴보겠다.

1. 이국위씨以國爲氏 | 나라명을 성씨로 삼은 것을 의미한다.

하夏, 상商, 주周 삼대의 후손들은 나라명을 성씨로 삼았다. 제후들은 중앙의 천자와 비교하면 소종小宗으로, 제후국의 이름을 성씨로 삼은 성씨는 대종大宗 본성本姓의 일파이다. 많은 제후국들은 제후국이 망하기 전까지, 대종 본성을 떠받들다, 제후국이 멸망하고 나서 그 자손들이 비로소 제후국의 이름을 성씨로 사용했다.

주나라에서 토지를 부여받아 나라를 세운 귀족 후손들은 조상의 제후국의 이름을 성씨로 삼았다.

주나라 무왕은 주紂를 치고 상을 멸한 2년 뒤에 사망했다. 그의 적장자인 희용姬湧이 왕위를 물려받아 주 성왕이 되었다. 나이가 너무 어려 숙부 주공周公 단旦이 섭정을 하였다. 주공은 대봉건을 실시하여 대규모의 토지를 제후들에게 나누어 나라를 세우게 했다. 주왕, 성왕시기에 71개의 제후국들이 세워졌고, 토지를 부여받은 사람 중에는 무왕, 주공의 형제가 15명, 동성 귀족이 40여명, 그 나머지는 이성귀족이라고 한다. 토지를 부여받아 나라를 세운 귀족 후손들은 조상의 제후국의 이름을 성씨로 삼았다.

고제왕씨古帝王氏: 하, 상, 주의 나라명과 고대 제왕의 이름을 성씨로 삼은 경우는 다음과 같다.

| ⊚ 당唐 | ⊚ 우虞 | ⊚ 하夏 | ⊚ 상商 | ⊚ 은殷 | ⊚ 북은北殷 | ⊚ 주周 | ⊚ 서주西周 |
| ⊚ 주생周生 | ⊚ 진秦 | ⊚ 한漢 | | | | | |

⊚ 당唐: 기성祁姓에서 기원하였다.

⊚ 우虞: 규성嬀姓에서 기원하였다.

⊚ 하夏: 사성姒姓에서 기원하였다.

⊚ 상商: 자성子姓에서 기원하였다. 서주 초 상나라 왕족의 후예들
　　이 자신들 옛 고국 이름을 성씨로 삼은 것이다.

⊚ 은殷: 자성子姓에서 기원된 상왕조의 후예들이다.

⊚ 주周: 고대 주국周國에서 기원하였다.

⊚ 진秦: 영성嬴姓에서 기원하였다.

주동성국周同姓國: 주나라 왕실의 형제나 친척들이 그들이 부여받은 나라명을 성씨로 삼은 경우이다.

⊚ 노魯	⊚ 진晉	⊚ 위衛	⊚ 채蔡	⊚ 조曹	⊚ 등滕	⊚ 연燕	⊚ 정鄭	⊚ 오吳	⊚ 위魏
⊚ 한韓	⊚ 하何	⊚ 곽郭	⊚ 관管	⊚ 초焦	⊚ 활滑	⊚ 곽霍	⊚ 담聃	⊚ 고郜	⊚ 호浩
⊚ 옹雍	⊚ 필畢	⊚ 풍	⊚ 구郇	⊚ 성成	⊚ 성盛	⊚ 응應	⊚ 범凡	⊚ 장蔣	⊚ 형邢
⊚ 모茅	⊚ 작作	⊚ 가賈	⊚ 예芮	⊚ 수隨	⊚ 호胡	⊚ 파巴	⊚ 파杷	⊚ 수遂	⊚ 돈頓
⊚ 도道	⊚ 빈邠	⊚ 경耿	⊚ 잠岑	⊚ 동肜					

⊚ 노盧: 강성姜姓에서 기원하였다. 춘추 초 제문왕齊文公의 증손 혜
　　傒가 제나라 정경正卿이 되어 노읍盧邑을 봉지로 받았다. 그 자손
　　이 읍 이름을 성씨로 삼은 것이다.

⊚ 정鄭: 희성姬姓에서 기원하였다.

◎ 송朱: 고대 주양씨朱襄氏에서 기원하였다. 고대 주양씨 족이 지금 의 하남河南 회양淮陽 일대에 활동하였으며, 그 후손이 성을 주씨 로 하였다.

◎ 예倪: 희성姬姓에서 기원하였다.

◎ 심沈: 희성姬姓에서 기원하였다.

◎ 서舒: 임성任姓에서 기원하였다. 황제黃帝의 25명 아들 중 임성任 姓을 얻은 자가 있었으며, 서성舒姓은 이 임성에서 분화된 것이 다.

◎ 서徐: 자성子姓에서 기원하였다.

◎ 황黃: 영성嬴姓에서 기원하였다.

◎ 신辛: 고신씨高辛氏에서 기원하였다. 황제黃帝의 아들 현효玄囂는 호가 고신씨高辛氏였다. 그 족인이 호의 첫 글자를 취하여 성으 로 삼았다.

◎ 봉封: 강성姜姓에서 기원하였다.

◎ 축祝: 기성己姓에서 기원하였다.

◎ 신莘: 사성姒姓에서 기원하였다. 하나라 초기 하왕 계啓가 그 지 자支子를 신莘에 봉하였다. 그 신국莘國이 망하고, 그 족인이 나라 이름을 성씨로 삼은 것이다.

주부득성지국周不得姓之國: 주나라 때 성의 출처를 알 수 없던 작은 나라나 부락의 이름을 성씨로 삼은 경우이다. 이런 작은 나라나 부락은 큰 나라에 의해 합병되거나 사라졌다. 고대에 래萊나라가 있었는데, 춘추시대 제나라에 의해 멸망당하였고, 그 후손들이 '래萊'를 성씨로 삼았다.

◎ 래萊 ◎ 뢰賴 ◎ 담譚 ◎ 현弦 ◎ 대戴 ◎ 재載 ◎ 항項 ◎ 폭暴 ◎ 양陽 ◎ 기翼

◎ 모牟 ◎ 전鄄 ◎ 격鬲 ◎ 소巢 ◎ 백栢 ◎ 진軫 ◎ 교絞 ◎ 이貳

◎ 양陽: 나라 이름에서 기원하였다. 동주東周 혜왕惠王 때 동주의 부
　용국이었던 양국陽國이 제나라에게 병탄되자, 그 유민들이 나라
　이름을 성씨로 삼은 것이다.

하상이전국夏商以前國: 다음은 하夏, 상商 시대 제후에게 부여한
작은 나라나 부락과 하, 상 이전 고대의 작은 나라나 부락의
이름을 후손들이 성씨로 삼은 예이다. 예를 들면 정씨程氏는 풍
씨風氏에서 나왔다. 전욱顓頊이 중重을 남정南正으로 임명해, 하
늘의 제사를 지내는 일을 맡아보도록 했고, 려黎를 화정火正으
로 임명해, 백성들의 일을 맡아보도록 했다. 중과 려의 후손은
정程이라는 곳에 봉해져, 나라를 세우고, 정을 성씨로 삼았다.

◎ 정程 ◎ 숭崇 ◎ 호扈 ◎ 방房 ◎ 두杜 ◎ 기箕 ◎ 한寒 ◎ 밀수密須 ◎ 과過

◎ 용庸 ◎ 과戈 ◎ 패邶 ◎ 용鄘 ◎ 주鑄 ◎ 배邳 ◎ 관觀 ◎ 포褒 ◎ 민緡

◎ 기崎 ◎ 잉仍 ◎ 엄奄 ◎ 쌍雙 ◎ 무라武羅 ◎ 오吾 ◎ 곤昆 ◎ 곤오昆吾

◎ 매梅 ◎ 계북癸北 ◎ 뢰雷 ◎ 현玄 ◎ 명冥 ◎ 짐斟 ◎ 용用 ◎ 지摯 ◎ 윤胤

◎ 관灌 ◎ 묘廖 ◎ 죽竹 ◎ 질郅 ◎ 습習 ◎ 서릉西陵 ◎ 안릉安陵 ◎ 갑부甲父

◎ 유궁有窮 ◎ 유호有扈 ◎ 포고浦姑 ◎ 서왕西王 ◎ 고죽孤竹 ◎ 봉부封父

◎ 종리終利 ◎ 숙사夙沙 ◎ 말秣 ◎ 말末 ◎ 백성柏成 ◎ 고顧 ◎ 원院 ◎ 공共

◎ 습龔 ◎ 홍洪 ◎ 유苑 ◎ 봉逢 ◎ 팽彭 ◎ 위韋

◎ 정程: 풍성風姓에서 기원하였다.

◎ 과戈: 사성姒姓에서 기원하였다.

◎ 죽竹: 강성姜姓에서 기원하였다.

이역지국異域之國: 서주 분봉제도 시기에 고대 소수민족의 활동 지역내에 나라를 세운 제후국을 말한다. 예를 들면 주 문왕은 막내 아들을 적狄 지역에 봉하였고, 주 성왕 역시 외삼촌을 적狄 지역에 봉하였다. 이후 후손들은 적狄을 성씨로 삼았다.

◎ 적狄 ◎ 백적白狄 ◎ 적翟 ◎ 대代 ◎ 로路 ◎ 융戎 ◎ 지支 ◎ 려驪 ◎ 비卑

◎ 려廬 ◎ 안安 ◎ 만蠻 ◎ 강羌 ◎ 고鼓 ◎ 미米 ◎ 만滿 ◎ 낙落 ◎ 낙洛

◎ 회의淮夷 ◎ 의거義渠 ◎ 서갑西甲

◎ 위魏: 외성隗姓에서 기원하였다.

◎ 한韓: 동성董姓에서 기원하였다.

◎ 형邢: 희성姬姓에서 기원하였다.

◎ 예芮: 희성姬姓에서 기원하였다.

◎ 호胡: 규성嬀姓에서 기원하였다.

주이성국周異姓國: 주나라의 신하들이 나라를 위해 공을 세우고 부여받은 나라명을 성씨로 삼은 경우이다.

◎ 제齊 ◎ 초楚 ◎ 송宋 ◎ 형荊 ◎ 진陳 ◎ 조趙 ◎ 전田 ◎ 허許 ◎ 여呂 ◎ 거莒

◎ 주邾 ◎ 주朱 ◎ 루婁 ◎ 예郳 ◎ 아兒 ◎ 예倪 ◎ 기杞 ◎ 루樓 ◎ 월越 ◎ 기紀

◎ 식息 ◎ 등鄧 ◎ 양梁 ◎ 설薛 ◎ 숙蕭 ◎ 심沈 ◎ 증曾 ◎ 서徐 ◎ 운云 ◎ 우郵

◎ 숙宿 ◎ 라羅 ◎ 순우淳于 ◎ 이夷 ◎ 곡穀 ◎ 서舒 ◎ 서포舒鮑 ◎ 수구須句

◎ 담郯 ◎ 담談 ◎ 갑甲 ◎ 려黎 ◎ 신申 ◎ 장章 ◎ 향向 ◎ 갈葛 ◎ 제갈諸葛

◎ 요蓼 ◎ 황黃 ◎ 권權 ◎ 강江 ◎ 전유顓臾 ◎ 회鄶 ◎ 영英 ◎ 육六 ◎ 신莘

◎ 신辛 ◎ 사謝 ◎ 핍양偪陽 ◎ 봉封 ◎ 여呂 ◎ 구오仇吾 ◎ 축祝

◎ 여呂: 강성姜姓에서 기원하였다. 염제 신농씨의 후예 백익伯益이 우禹의 치수 사업에 공을 세워 여呂에 봉을 받아 여후呂后라 하였

으며 여성呂姓을 하사받았다. 그 후손이 나라 이름을 성씨로 삼은 것이다.

- 제齊: 희성姬姓에서 기원하였다.
- 초楚: 미성芈姓에서 기원하였다.
- 송宋: 자성子姓에서 기원하였다.
- 조趙: 영성嬴姓에서 기원하였다.
- 허許: 허유許由의 후손. 제요帝堯 때 현인 허유許由는 요가 천하를 그에게 선양하려 하자, 이를 거부하고 기산箕山으로 숨어들었다고 한다. 이에 그의 뒤를 이은 이들이 허許를 성씨로 삼은 것이다.

2. 이군국위씨以君國爲氏 | 군국명을 성씨로 삼은 것을 의미한다.

한군국漢郡國: 한나라의 군국君國명을 성씨로 삼은 경우이다.

홍紅 · 기蘄 · 번番 · 침郴 · 무鄮 · 동양東陽 · 동릉東陵 · 역양櫟陽 · 주양周陽 · 신도信都 · 관군冠軍 · 무광武彊 · 광무廣武

- 홍紅: 유성劉姓에서 기원하였다. 서한 초 한 고조의 아들 초원왕楚元王 유교劉交의 아들이 홍紅 땅에 봉해졌다. 그 적계의 증손이 아들이 없어 나라가 폐지되자, 그 지손 서자가 홍紅을 성으로 삼았다.

3. 이읍위씨以邑爲氏 | 읍(채읍)명을 성씨로 삼은 것을 의미한다.

읍명을 성씨로 삼은 것은 대부분 진한시대 이전이고, 진한시대 이후에 나온 성씨로는 천씨泉氏와 게양씨揭陽氏가 있다. 주나라의 수도와 행정관이 관할하는 지역을 왕기王畿 혹은 기내畿內라고 불렀다. 기내의 영토를 부여받은 것을 채읍이라고 한다.

주읍周邑: 주나라의 읍명을 성씨로 삼은 경우이다.

⊚ 제祭 ⊚ 윤尹 ⊚ 소蘇 ⊚ 모毛 ⊚ 번樊 ⊚ 심尋 ⊚ 단單 ⊚ 감甘 ⊚ 구絿 ⊚ 영榮
⊚ 치郗 ⊚ 사謝 ⊚ 범氾 ⊚ 사구謝邱 ⊚ 영營 ⊚ 류劉 ⊚ 원原 ⊚ 소召

⊚ 윤尹: 영성嬴姓에서 기원하였다.

노읍魯邑: 노나라의 읍명을 성씨로 삼은 경우이다.

⊚ 장臧 ⊚ 후郈 ⊚ 비費 ⊚ 랑郞 ⊚ 류柳 ⊚ 광匡 ⊚ 관管 ⊚ 단鄲 ⊚ 낙고落姑
⊚ 추鄒 ⊚ 변卞 ⊚ 하구瑕邱 ⊚ 확상矍相 ⊚ 토구菟裘

⊚ 변卞: 황제黃帝의 후예이다. 황제의 예손 명明이 변卞 땅에 봉해져 변
명卞明으로 불렀다. 그 후손들이 나라 이름을 성으로 삼은 것이다.

진읍晉邑: 진나라의 읍명을 성씨로 삼은 경우이다.

⊚ 난欒 ⊚ 극郤 ⊚ 고苦 ⊚ 기祁 ⊚ 순荀 ⊚ 지智 ⊚ 보輔 ⊚ 속續 ⊚ 희양戲陽
⊚ 함여函與 ⊚ 한단邯鄲 ⊚ 양설羊舌 ⊚ 양羊 ⊚ 강絳 ⊚ 보步 ⊚ 곡曲 ⊚ 범范
⊚ 묘苗 ⊚ 병邴 ⊚ 오구吾邱 ⊚ 령고令狐 ⊚ 온溫 ⊚ 탕揚 ⊚ 우盂 ⊚ 호壺
⊚ 제鞮(동제銅鞮) ⊚ 체遆 ⊚ 면緜 ⊚ 해解 ⊚ 주州 ⊚ 오鄔 ⊚ 협莢 ⊚ 래俠
⊚ 악鄂 ⊚ 익翼

⊚ 기祁: 희성姬姓에서 기원하였다.
⊚ 맹孟: 희성姬姓에서 기원하였다.

위읍衛邑: 위나라의 읍명을 성씨로 삼은 경우이다.

⊚ 침寢 ⊚ 원元 ⊚ 의儀 ⊚ 상常 ⊚ 구裘 ⊚ 승承 ⊚ 복濮 ⊚ 척戚 ⊚ 급汲
⊚ 섭聶 ⊚ 조棗 ⊚ 상구商邱 ⊚ 오록五鹿

정읍鄭邑: 정나라의 읍명을 성씨로 삼은 경우이다.

◎ 풍馮 ◎ 경京

초읍齊邑: 제나라의 읍명을 성씨로 삼은 경우이다.

◎ 여구閭邱 ◎ 여閭 ◎ 습隰 ◎ 최崔 ◎ 노盧 ◎ 포鮑 ◎ 상裳 ◎ 양穰 ◎ 안晏

◎ 주晝 ◎ 단檀 ◎ 래來 ◎ 치菑 ◎ 분盆 ◎ 즉묵卽墨 ◎ 즉卽 ◎ 규구葵邱

◎ 양구梁邱 ◎ 적구籍邱 ◎ 여구余邱 ◎ 안평安平 ◎ 고당高堂

초읍楚邑: 초나라의 읍명을 성씨로 삼은 경우이다.

◎ 투鬪 ◎ 원蒍 ◎ 굴屈 ◎ 음陰 ◎ 종鐘 ◎ 종리鐘離 ◎ 춘春 ◎ 상관上官

◎ 첨詹 ◎ 만蔓 ◎ 백白 ◎ 엽葉 ◎ 상밀商密 ◎ 헌구軒邱 ◎ 삼려三閭 ◎ 등릉鄧陵

◎ 제량諸梁 ◎ 상계裳谿

송읍宋邑: 송나라의 읍명을 성씨로 삼은 경우이다.

◎ 류留 ◎ 합合 ◎ 감坎◎ 화華

한읍韓邑: 한나라의 읍명을 성씨로 삼은 경우이다.

◎ 평平 ◎ 횡橫

◎ 평平: 희성姬姓에서 기원하였다.

위읍魏邑: 위나라의 읍명을 성씨로 삼은 경우이다.

◎ 업鄴 ◎ 신信

조읍趙邑: 조나라의 읍명을 성씨로 삼은 경우이다.

◎ 마馬 ◎ 휴睢 ◎ 난蘭 ◎ 록鹿 ◎ 무성武成 ◎ 교鄡

◎ 마馬: 영성嬴姓에서 기원하였다.

진읍秦邑: 진나라의 읍명을 성씨로 삼은 경우이다.

⊚ 아俉 ⊚ 무안武安 ⊚ 화양華陽 ⊚ 경양涇陽 ⊚ 고능高陵

한위읍漢魏邑: 한위나라의 읍명을 성씨로 삼은 경우이다.

⊚ 천泉 ⊚ 게양揭陽

4. 이향위씨以鄕爲氏 | 향을 성씨로 삼은 것을 의미한다. 향은 국 아래의 단위이다.

⊚ 배裵 ⊚ 륙陸 ⊚ 누糫 ⊚ 방龐 ⊚ 염閻 ⊚ 학郝 ⊚ 시尸 ⊚ 비肥 ⊚ 자資 ⊚ 겹郟

⊚ 호모胡母 ⊚ 대륙大陸

⊝ 배裵: 영성嬴姓에서 기원하였다.

⊝ 학郝: 희성姬姓에서 기원하였다.

5. 이정위씨以亭爲氏 | 이것은 정亭명을 성씨로 삼은 것을 의미한다.

⊚ 채采 ⊚ 유두兪豆 ⊚ 구양歐陽

6. 이지위씨以地爲氏 | 거주지명을 성씨로 삼은 것을 의미한다.

⊚ 부傅 ⊚ 몽蒙 ⊚ 능양陵陽 ⊚ 소실少室 ⊚ 성城 ⊚ 지池 ⊚ 도涂 ⊚ 해鮭

⊚ 교橋 ⊚ 교喬 ⊚ 노勞 ⊚ 동관東關 ⊚ 관關 ⊚ 호구狐邱 ⊚ 구邱 ⊚ 호구壺邱

⊚ 상구桑邱 ⊚ 용구龍邱 ⊚ 사구虵邱 ⊚ 도구陶邱 ⊚ 어구於邱 ⊚ 포구苞邱

⊚ 수구水邱 ⊚ 조구曹邱 ⊚ 초구楚邱 ⊚ 만구曼邱 ⊚ 함구咸邱 ⊚ 부구浮邱

⊚ 안구安邱 ⊚ 치구淄邱 ⊚ 직구稷邱 ⊚ 동문東門 ⊚ 서문西門 ⊚ 서西

⊚ 남문南門 ⊚ 북문北門 ⊚ 양문陽門 ⊚ 동문桐門 ⊚ 이문夷門 ⊚ 궐문闕門

⊚ 목문木門 ⊚ 봉문逢門 ⊚ 서문胥門 ⊚ 과문戈門 ⊚ 옹문雍門 ⊚ 문門

⊚ 동관東官 ⊚ 서관西官 ⊚ 남관南官 ⊚ 북관北官 ⊚ 동곽東郭 ⊚ 서곽西郭

남곽南郭	북곽北郭	동려東閭	옥려屋廬	시남市南	사남社南
사북社北	삼구三邱	삼주三州	연릉延陵	어릉於陵	평릉平陵
양원梁垣	포단蒲團	동방東方	서방西方	구방九方	동리東里
백리百里	동향東鄉	서향西鄉	남향南鄉	북향北鄉	동야東野
서야西野	남야南野	북야北野	북당北唐	북해北海	성양成陽
복양濮陽	선양鮮陽	해양鮭陽	경양梗陽	낙하落下	과전瓜田
녹리祿里	기리綺里	하리夏里	리里	동리桐理	공동空同
연주延州	반상阪上	송릉訟陵			

- 동문東門: 희성姬姓에서 기원하였다. 춘추시대 노魯나라 장공莊公의 아들 수遂는 자가 양중襄仲이었는데, 도성의 동문東門에 살아 동문양중東門襄仲이라 불렀다. 그 후손들이 그 살던 동문을 성씨로 삼은 것이다.

- 서문西門: 살던 주거 지명에서 유래되었다. 춘추시대 정나라 대부가 도성의 서문西門에 살아, 그 후손들이 그 살던 서문을 성씨로 삼은 것이다.

- 남문南門: 거주지의 명칭에서 기원하였다. 선진先秦 시기 남문에 살던 자가 그 지역 이름을 취하여 성씨로 삼은 것이다.

7. 이성위씨以姓爲氏 | 고대 씨족 부락의 명칭인 姓을 성씨로 삼은 것을 의미한다.

요姚	위嫛	강姜	귀歸	임任	풍風	희姬	영嬴	성姓	시是
자子	간芉	사姒	외隗	윤偃	독禿	길姞	유酉	구姤
칠漆	과戈	후강侯岡	이기伊祁	이伊	사巳	로嫪

- 강姜: 신농씨神農氏에서 기원하였다.

◎ 임任: 풍성風姓에서 기원하였다.

◎ 희姬: 헌원씨軒轅氏에서 유래되었으며, 중국의 가장 오래된 성씨 중의 하나이다.

8. 이자위씨以字爲氏 | 자字를 성씨로 삼은 것을 의미한다.

제후의 아들은 공자公子라 부르고, 공자의 아들은 공손公孫이라고 부르며, 공손의 아들은 다시 공손이라고 부를 수 없어, 왕이나 부친의 자를 성씨로 삼았다. 예를 들어 손나라 환공의 아들은 공자목이公子目夷라 불리웠으며, 자가 자어子魚였다. 공자목이公子目夷의 아들은 공손우公孫友라 불리웠고, 공손우의 두 아들은 조부의 자를 성씨로 삼고, 어영魚營, 어석魚石으로 불리웠다. 그 후손들은 또한 어魚를 성씨로 삼았다.

주인자周人字: 주나라 사람의 자를 성씨로 삼은 경우이다.

◎ 임林	◎ 가家	◎ 기忌	◎ 모謀	◎ 현顯	◎ 려旅	◎ 방方	◎ 분賁	◎ 괴槐	◎ 길吉

◎ 방方: 신농씨에서 기원하였다.

노인자魯人字: 노나라 사람의 자를 성씨로 삼은 경우이다.

◎ 시施	◎ 기奇	◎ 위爲	◎ 공貢	◎ 중衆	◎ 건鬻	◎ 전손顓孫	◎ 공부公父
◎ 공석公石	◎ 공색公素	◎ 공백公伯	◎ 공신公慎	◎ 공수公輸	◎ 공서公西	
◎ 공강公岡	◎ 공야公冶	◎ 공조公祖	◎ 고양公羊	◎ 공량公良	◎ 공제公齊	
◎ 공산公山	◎ 공의公儀	◎ 공사公沙	◎ 공옥公玉	◎ 소시少施	◎ 하부夏父	
◎ 자복子服	◎ 자가子家	◎ 자상子桑	◎ 자양子陽	◎ 자숙子叔	◎ 자사子士	
◎ 자언子言	◎ 자양子楊	◎ 자맹子孟	◎ 자아子我	◎ 자유子有	◎ 자중子仲	

◎ 자우子羽

◎ 공양公羊: 희성姬姓에서 기원하였다.

진인자晉人字: 진나라 사람의 자를 성씨로 삼은 경우이다.

◎ 장張 ◎ 교矯 ◎ 가嘉 ◎ 서胥 ◎ 선先 ◎ 이손利孫 ◎ 비조 ◎ 숙대叔帶

◎ 숙향叔向 ◎ 숙어叔魚

◎ 장張: 희성姬姓에서 기원하였다.

위인자衛人字: 위나라 사람의 자를 성씨로 삼은 경우이다.

◎ 손孫 ◎ 미彌 ◎ 석析 ◎ 석石 ◎ 남南 ◎ 자남子南 ◎ 자옥子玉 ◎ 자백子伯

◎ 자제子齊 ◎ 공남公南 ◎ 공숙公叔 ◎ 공맹公孟 ◎ 공명公明 ◎ 공문公文

◎ 공석公析

◎ 손孫: 자성子姓에서 기원하였다.

정인자鄭人字: 정나라 사람의 자를 성씨로 삼은 경우이다.

◎ 유游 ◎ 국國 ◎ 사馹 ◎ 인印 ◎ 량良 ◎ 백유伯有 ◎ 우羽 ◎ 한罕

◎ 자사子師 ◎ 자국子國 ◎ 자한子罕 ◎ 자공子孔 ◎ 자사子馹 ◎ 자석子晢

◎ 자유子游 ◎ 자풍子豊 ◎ 자인子人

송인자宋人字: 송나라 사람의 자를 성씨로 삼은 경우이다.

◎ 공孔 ◎ 우牛 ◎ 낙樂 ◎ 황보皇甫 ◎ 령靈 ◎ 변邊 ◎ 정正 ◎ 록祿 ◎ 을乙

◎ 어魚 ◎ 사부事父 ◎ 자혁子革 ◎ 자의子儀

◎ 공孔: 강성姜姓에서 기원하였다.

◎ 우牛: 자성子姓에서 기원하였다.

제인자齊人字: 제나라 사람의 자를 성씨로 삼은 경우이다.

⊚ 경慶 ⊚ 하賀 ⊚ 상尙 ⊚ 기旗 ⊚ 자기子旗 ⊚ 자건子乾 ⊚ 자공子工
⊚ 자천子泉 ⊚ 자양子襄 ⊚ 자아子雅 ⊚ 자미子尾

주인자邾人字: 주나라 사람의 자를 성씨로 삼은 경우이다.

⊚ 안顔: 희성姬姓에서 기원하였다.

진인자陳人字: 진나라 사람의 자를 성씨로 삼은 경우이다.

⊚ 원袁 ⊚ 원轅 ⊚ 원爰 ⊚ 점占 ⊚ 자헌子獻 ⊚ 자점子占 ⊚ 자앙子鞅
⊚ 자망子芒 ⊚ 자상子尙 ⊚ 자금子禽 ⊚ 자흥子興 ⊚ 자오子寤 ⊚ 자저子沮
⊚ 자송子宋 ⊚ 자하子夏 ⊚ 자방子枋

초인자楚人字: 초나라 사람의 자를 성씨로 삼은 경우이다.

⊚ 성成 ⊚ 포包 ⊚ 반潘 ⊚ 승乘 ⊚ 초椒 ⊚ 낭囊 ⊚ 숙오叔敖 ⊚ 무구無鉤
⊚ 낙오若敖 ⊚ 백비伯比 ⊚ 자경子庚 ⊚ 자계子季 ⊚ 자서子西 ⊚ 자중子重
⊚ 자기子期 ⊚ 자낭子囊 ⊚ 상桑 ⊚ 봉손逢孫
⊚ 성成: 자성子姓에서 기원하였다.

9. 이명위씨以名爲氏 | 이름을 성씨로 삼은 것을 의미한다.

시호법은 주나라 때 시작되었지만, 요堯, 순舜, 우禹, 탕湯 이전
에는 천자를 이름으로 불렀고, 후손들은 이름을 성씨로 삼았다.

고육자명古六子名

⊚ 대정大庭 ⊚ 대大 ⊚ 회懷 ⊚ 종鬷 ⊚ 헌戱 ⊚ 복伏 ⊚ 밀宓 ⊚ 유有 ⊚ 신神
⊚ 헌원軒轅 ⊚ 헌홍軒鴻 ⊚ 김金 ⊚ 청양靑陽 ⊚ 청靑 ⊚ 왜媧 ⊚ 반盤 ⊚ 호昊

◎ 소少 ◎ 고양高陽 ◎ 전왕顓王

제왕명帝王名: 주나라 이전 제왕의 이름을 성씨로 삼은 경우
이다.

◎ 요堯 ◎ 우禹 ◎ 계啓 ◎ 탕湯 ◎ 갑甲 ◎ 옥沃 ◎ 괴槐

◎ 우禹: 사성姒姓에서 기원하였다. 우임금이 순임금을 도와 다스린
공로로 하나라의 통치자가 되었는데, 그 자손의 후예가 조상의
이름을 성으로 삼은 것이다.

고인명古人名

◎ 역力	◎ 목牧	◎ 옥玉	◎ 삼묘三苗	◎ 주疇	◎ 감堪	◎ 힐頡	◎ 창힐倉頡
◎ 교僑	◎ 교蟜	◎ 동童	◎ 동倲	◎ 노老	◎ 광廣	◎ 방放	◎ 욕薅
◎ 율栗	◎ 전노尊盧	◎ 준이駿夷	◎ 구용勾龍	◎ 희熙	◎ 수修	◎ 백명白冥	
◎ 근수根水	◎ 분수奔水	◎ 열列	◎ 숙夙	◎ 자訾	◎ 치蚩	◎ 융融	◎ 구勾
◎ 존尊	◎ 돈혼沌渾	◎ 둔屯	◎ 왕汪	◎ 계稽	◎ 령冷	◎ 냉冷	◎ 윤倫
◎ 냉윤伶倫	◎ 대臺	◎ 회回	◎ 고	◎ 염廉	◎ 용龍	◎ 용容	◎ 중重	◎ 막幕
◎ 막莫	◎ 화和	◎ 희羲	◎ 수叟	◎ 리禺	◎ 리狸	◎ 류纍	◎ 실實	◎ 달達	◎ 격格
◎ 웅雄	◎ 종終	◎ 계연季連	◎ 선善	◎ 효囂	◎ 고皐	◎ 오敖	◎ 육陸	◎ 단丹
◎ 임臨	◎ 참參	◎ 징徵	◎ 비렴飛廉	◎ 창昌	◎ 표豹	◎ 창倉	◎ 창蒼

◎ 화和: 관직 이름에서 기원하였다. 요임금 때 희화羲和가 천문사
시를 관장하였다. 그 후손이 조상의 관직 이름에서 '和'자를 성
씨로 삼은 것이다.

주인명周人名: 주나라 사람의 이름을 성씨로 삼은 경우이다.

◎ 복服 ◎ 국鞠 ◎ 국麴 ◎ 직稷 ◎ 편篇 ◎ 피皮 ◎ 여輿 ◎ 조晁 ◎ 고狐

◎ 석昔 ◎ 태太 ◎ 계와季騧 ◎ 계수季隨 ◎ 굉閎 ◎ 아牙

노인명魯人名: 노나라 사람의 이름을 성씨로 삼은 경우이다.

◎ 전展 ◎ 궁弓 ◎ 사賜 ◎ 자兹 ◎ 의意 ◎ 여如 ◎ 견遺 ◎ 술述 ◎ 뇌牢

진인명晉人名: 진나라 사람의 이름을 성씨로 삼은 경우이다.

◎ 주犨 ◎ 려麗 ◎ 초招 ◎ 거居 ◎ 광曠 ◎ 만萬 ◎ 영盈 ◎ 계영季嬰

◎ 계숙季夙 ◎ 누계樓季 ◎ 불기弗忌 ◎ 생甥 ◎ 대호大狐 ◎ 대술大戌 ◎ 영嬰

◎ 이오夷吾 ◎ 양기梁其 ◎ 심瞫

정인명鄭人名: 정나라 사람의 이름을 성씨로 삼은 경우이다.

◎ 단段 ◎ 사泗 ◎ 풍豊 ◎ 난蘭 ◎ 연然 ◎ 자연子然 ◎ 거질去疾

오인명吳人名: 오나라 사람의 이름을 성씨로 삼은 경우이다.

◎ 수壽 ◎ 요要 ◎ 기旣 ◎ 상수常壽 ◎ 경기慶忌

위인명衛人名: 위나라 사람의 이름을 성씨로 삼은 경우이다.

◎ 첩輒 ◎ 겸兼 ◎ 강량强梁 ◎ 자영子郢

제인명齊人名: 제나라 사람의 이름을 성씨로 삼은 경우이다.

◎ 고高 ◎ 시柴 ◎ 구계臼季 ◎ 조勺 ◎ 리劦 ◎ 연連 ◎ 법法 ◎ 광光 ◎ 낙駱

◎ 망望 ◎ 장구將具 ◎ 장거將鋸

초인명楚人名: 초나라 사람의 이름을 성씨로 삼은 경우이다.

◎ 웅熊 ◎ 웅雄 ◎ 죽鬻 ◎ 반班 ◎ 원員 ◎ 건建 ◎ 와渦 ◎ 염冉 ◎ 양梁 ◎ 지枝

◎ 도到	◎ 조釣	◎ 의상倚相	◎ 신료辛廖	◎ 접여接輿	◎ 기질弃疾	◎ 사射
◎ 권拳	◎ 료僚	◎ 대심大心	◎ 초이楚李	◎ 무용無庸	◎ 계융季融	◎ 취翠
◎ 자건子建	◎ 자오子午	◎ 위구圍龜	◎ 월초越椒	◎ 영제嬰齊	◎ 흑굉黑肱
◎ 무신巫臣	◎ 선려鮮虞

하인명夏人名: 하나라 사람의 이름을 성씨로 삼은 경우이다.

| ◎ 취翠 | ◎ 열悅 | ◎ 혜奚 |

◎ 혜奚: 임성任姓에서 기원하였다.

송인명宋人名: 송나라 사람의 이름을 성씨로 삼은 경우이다.

| ◎ 연衍 | ◎ 미微 | ◎ 미생微生 | ◎ 기幾 | ◎ 구仇 | ◎ 구求 | ◎ 획獲 | ◎ 계로季老 |
| ◎ 자탕子蕩 | ◎ 탁알鐸遏 | ◎ 독督 | ◎ 목이目夷 | ◎ 축기祝其 | ◎ 우耦 | ◎ 니泥 |

◎ 미생微生: 자성子姓에서 기원하였다. 서주 초 상나라 왕족 미자계微
子啓가 송에 봉해졌으며, 춘추시대 송나라가 망한 뒤, 그 나라 사
람들이 조상의 이름을 취하여 '미생微生'이라 성을 삼은 것이다.

제국인명諸國人名: 여러나라 사람의 이름을 성씨로 삼은 경우이
다.

| ◎ 서기庶其 | ◎ 모이茅夷 | ◎ 쾌噲 | ◎ 요搖 | ◎ 유由 | ◎ 손양孫陽 | ◎ 언사偃師 |
| ◎ 경卿 | ◎ 무루無婁 | ◎ 저苴 | ◎ 리離 | ◎ 여余 |

10. 이차위씨以次爲氏 | 항렬명을 성씨로 삼은 것을 의미한다.

백伯, 중仲, 숙叔, 계季 등의 성씨는 형제간의 항렬, 기타 친척
의 항렬에 근원을 두고 있다.

| ◎ 맹孟 | ◎ 중仲 | ◎ 충种 | ◎ 숙叔 | ◎ 계季 | ◎ 백伯 | ◎ 정丁 | ◎ 계癸 | ◎ 조祖 | ◎ 구舅 |

◎ 구구咎 ◎ 고古 ◎ 니禰 ◎ 치稚 ◎ 차次 ◎ 유孺 ◎ 태숙太叔 ◎ 태백太伯

◎ 숙종叔仲 ◎ 중숙中叔 ◎ 중숙仲叔 ◎ 제오第五 ◎ 제이第二 ◎ 제팔第八

◎ 태사太士 ◎ 주부主父 ◎ 주主 ◎ 남백南伯 ◎ 남공南公 ◎ 대계大季

◎ 정丁: 강성姜姓에서 기원하였다.

11. 이족위씨以族爲氏 | 동족명을 성씨로 삼은 것을 의미한다.

◎ 인因 ◎ 영領 ◎ 기飢 ◎ 기錡 ◎ 조條 ◎ 소昭 ◎ 번繁 ◎ 사胹 ◎ 좌左 ◎ 경景

◎ 상賞 ◎ 색索 ◎ 형陘 ◎ 당黨 ◎ 장掌 ◎ 장작長勺 ◎ 미작尾勺 ◎ 조양趙陽

◎ 노양魯陽 ◎ 종규終葵 ◎ 공루工婁 ◎ 부여傅餘 ◎ 여與 ◎ 한여韓餘

◎ 갈여褐餘 ◎ 양여梁餘 ◎ 수수須遂 ◎ 열종列宗 ◎ 연엄運奄 ◎ 조어脩魚

◎ 오왕五王 ◎ 소왕小王 ◎ 굴남屈南 ◎ 속기續祁 ◎ 강헌羌憲 ◎ 회아會序

◎ 날리樂利 ◎ 간헌幹獻 ◎ 이추伊秋

◎ 좌左: 강성姜姓에서 기원하였다.

12. 이적대성夷狄大姓 | 이적夷狄에게 가장 많이 사용되는 성씨를 의미한다.

◎ 당党 ◎ 박林 ◎ 석釋 ◎ 혁赫 ◎ 색塞 ◎ 의宜 ◎ 방傍 ◎ 단單 ◎ 조雕 ◎ 구口

◎ 렴斂 ◎ 이異 ◎ 추騶 ◎ 지紙 ◎ 완緩 ◎ 기畿 ◎ 논論 ◎ 부副 ◎ 답沓 ◎ 루蔞

◎ 합郃 ◎ 서려徐盧 ◎ 원源 ◎ 여茹

13. 이관위씨以官爲氏 | 관직명을 성씨로 삼은 것을 의미한다.

◎ 운雲 ◎ 오구五鳩 ◎ 상구爽鳩 ◎ 상호桑扈 ◎ 오烏 ◎ 사史 ◎ 남사南史

◎ 내사內史 ◎ 청사靑史 ◎ 태사太史 ◎ 왕사王史 ◎ 후사侯史 ◎ 축사祝史

◎ 좌사左史 ◎ 우사右史 ◎ 종고終古 ◎ 감監 ◎ 사士 ◎ 적籍 ◎ 석席 ◎ 사師

◎ 수帥 ◎ 중영中英 ◎ 낙정樂正 ◎ 태축太祝 ◎ 유庾 ◎ 저사褚師 ◎ 저褚

◎ 전錢 ◎ 산山 ◎ 사마司馬 ◎ 사구司寇 ◎ 구寇 ◎ 사도司徒 ◎ 사공司空

◎ 사성司城 ◎ 사공司功 ◎ 사홍司鴻 ◎ 사갈司褐 ◎ 사공司工 ◎ 공정公正

◎ 종정宗正 ◎ 종宗 ◎ 부符 ◎ 군軍 ◎ 편偏 ◎ 조調 ◎ 형衡 ◎ 아阿 ◎ 환環

◎ 잠箴 ◎ 능凌 ◎ 주酒 ◎ 위委 ◎ 주柱 ◎ 수豎 ◎ 재宰 ◎ 재씨宰氏 ◎ 보保

◎ 도度 ◎ 고庫 ◎ 어御 ◎ 훈訓 ◎ 헌憲 ◎ 간諫 ◎ 교校 ◎ 후候 ◎ 루漏 ◎ 절節

◎ 축畜 ◎ 축都 ◎ 복僕 ◎ 속粟 ◎ 알謁 ◎ 각閣 ◎ 직職 ◎ 색嗇 ◎ 대사大師

◎ 대라大羅 ◎ 목사牧師 ◎ 마사馬師 ◎ 소사少師 ◎ 소정少正 ◎ 재정宰父

◎ 행인行人 ◎ 왕인王人 ◎ 도인徒人 ◎ 좌인左人 ◎ 주인廚人 ◎ 옹인雍人

◎ 봉인封人 ◎ 사인寺人 ◎ 태부이太傅尹 ◎ 중행中行 ◎ 중루中壘 ◎ 왕관王官

◎ 좌윤左尹 ◎ 우윤右尹 ◎ 문윤門尹 ◎ 잠윤箴尹 ◎ 공윤工尹 ◎ 구윤廏尹

◎ 연윤連尹 ◎ 침윤沈尹 ◎ 능윤陵尹 ◎ 계윤季尹 ◎ 우윤芋尹 ◎ 남윤藍尹

◎ 낙윤樂尹 ◎ 감윤監尹 ◎ 청윤淸尹 ◎ 점윤占尹 ◎ 장장將匠 ◎ 정령正令

◎ 조마趣馬 ◎ 상방尙方 ◎ 장군將軍 ◎ 하군下軍 ◎ 우행右行 ◎ 우재右宰

◎ 우사右師 ◎ 아반亞飯 ◎ 삼반三飯 ◎ 사반四飯 ◎ 이理 ◎ 상리相里 ◎ 이李

◎ 사師: 관직 명칭에서 기원하였다. 하상주 삼대에 악관樂官을 '사師'라 하였다. 이들 후손들이 사師를 성으로 취한 것이다.

14. 이작위씨以爵爲氏 | 작위명을 성씨로 삼은 것을 의미한다.

◎ 황皇 ◎ 왕王 ◎ 공公 ◎ 패覇 ◎ 후候 ◎ 공승公乘 ◎ 사공士公 ◎ 불갱不更

◎ 서장庶長

◎ 왕王: 자성子姓에서 기원하였다.

15. 이흉덕위씨以凶德爲氏 | 악한 행위에 근거해 성씨로 삼은 것을 의미한다.

◎ 소蛸 ◎ 망莽 ◎ 문인聞人 ◎ 문聞 ◎ 효梟 ◎ 올兀 ◎ 발勃 ◎ 올朩 ◎ 경鯨

⊙ 복복蝮

16. 이길덕위씨以吉德爲氏 | 선한 행위에 근거해 성씨로 삼은 것을 의미한다.

⊙ 동일冬日 ⊙ 노성老成 ⊙ 고성考成

17. 이기위씨以技爲氏 | 전문기술이나 직업을 성씨로 삼은 것을 의미한다.

⊙ 무巫 ⊙ 도屠 ⊙ 견甄 ⊙ 우優 ⊙ 복卜 ⊙ 장匠 ⊙ 권용拳勇 ⊙ 어용御龍

⊙ 요용擾龍 ⊙ 도양屠羊 ⊙ 오락烏洛 ⊙ 노락路洛 간장干將

18. 이사위씨以事爲氏 | 일어난 사건에 근거해 성씨로 삼은 것을 의미한다.

한무제 때 승상 전천추田千秋는 나이가 들어 작은 수레를 타고 궁궐로 들어가게 되었는데, 이때부터 호가 거승상車丞相이었다. 이로써 거車를 성씨로 삼았다. 또 미자微子는 백마白馬를 타고 주나라에 감에 따라 백마白馬씨가 되었다.

⊙ 두보竇寶 ⊙ 소所 ⊙ 통통痛 ⊙ 아예兒 ⊙ 거차車 ⊙ 시이鳲夷 ⊙ 관冠 ⊙ 게관褐冠

⊙ 신원新垣 ⊙ 백마白馬 ⊙ 승마乘馬 ⊙ 청우靑牛 ⊙ 백상白象 ⊙ 백록白鹿

⊙ 보포浦 ⊙ 부부苻 ⊙ 추구叴 ⊙ 예예銳 ⊙ 공상空桑 ⊙ 백석白石 ⊙ 장구章仇

19. 이시위씨以諡爲氏 | 조상의 諡號를 성씨로 삼은 것을 의미한다.

⊙ 장莊 ⊙ 엄嚴 ⊙ 경敬 ⊙ 경강康 ⊙ 무武 ⊙ 환桓 ⊙ 목穆 ⊙ 희僖 ⊙ 문文 ⊙ 애哀

⊙ 유幽 ⊙ 선宣 ⊙ 소昭 ⊙ 양襄 ⊙ 성聲 ⊙ 녕寧영 ⊙ 위威 ⊙ 은隱 ⊙ 민閔 ⊙ 간簡

⊙ 정靖 ⊙ 일懿 ⊙ 혜惠 ⊙ 려厲 ⊙ 헌獻 ⊙ 효孝 ⊙ 무繆 ⊙ 숙肅

20. 이작계위씨以爵系爲氏 | 작위명과 항렬명을 성씨로 삼은 것을 의미한다.

◎ 왕숙王叔 ◎ 왕자王子 ◎ 왕손王孫 ◎ 공자公子 ◎ 공손公孫 ◎ 사손士孫

21. 이국계위씨以國系爲氏 | 나라명과 항렬명을 성씨로 삼은 것을 의미한다.

◎ 당손唐孫 ◎ 실손室孫 ◎ 요숙廖叔 ◎ 등숙滕叔 ◎ 채중蔡仲 ◎ 제계齊季

22. 이족계위씨以族系爲氏 | 동족명과 항렬명을 성씨로 삼은 것을 의미한다.

계우季友의 후손은 집에서는 계손季孫이라고 부르지만, 밖에서는 손孫을 빼고 부른다. 숙아叔牙의 후손은 집에서는 숙손叔孫이라고 부르지만, 밖에서는 손孫을 빼고 부른다. 그래서 이족계위씨 以族系爲氏가 나왔다.

◎ 중손仲孫 ◎ 숙손叔孫 ◎ 계손季孫 ◎ 장손臧孫 ◎ 어손魚孫 ◎ 양손楊孫
◎ 가손賈孫 ◎ 고손古孫 ◎ 복자 福子 ◎ 권자卷子

23. 이명씨위씨以名氏爲氏 | 성씨와 이름 혹은 나라명, 읍명, 향명을 성씨로 삼은 것을 의미한다.

◎ 사개士匃 ◎ 사계士季 ◎ 사길士吉 ◎ 사위士蔿 ◎ 사정士貞 ◎ 사사士思
◎ 오참伍參 ◎ 호비胡非 ◎ 투기鬪耆 ◎ 백종伯宗 ◎ 기야祁夜 ◎ 투반鬪班
◎ 투강鬪彊 ◎ 위강魏彊 ◎ 무함巫咸 ◎ 장려匠麗 ◎ 축어祝圉 ◎ 장회臧會
◎ 한영韓嬰 ◎ 한언韓言 ◎ 한궐韓厥 ◎ 한적韓籍 ◎ 한갈韓褐 ◎ 맹획孟獲
◎ 사엽史葉 ◎ 봉구封具 ◎ 정종精縱 ◎ 도주屠住 ◎ 소고邵皓 ◎ 간기干己

⊚ 선곡先縠 ⊚ 팽조彭祖 ⊚ 웅솔熊率 ⊚ 웅상熊相

24. 이국작위씨以國爵爲氏 | 나라명과 작위명을 성씨로 삼은 것을 의미한다.

⊚ 하후夏侯 ⊚ 백후柏侯 ⊚ 한후韓侯 ⊚ 굴후屈侯 ⊚ 라후羅侯 ⊚ 백후白侯
⊚ 거자莒子 ⊚ 융자戎子 ⊚ 서자舒子 ⊚ 활백滑伯 ⊚ 갈백葛伯 ⊚ 식부息夫

25. 이읍계위씨以邑系爲氏 | 읍명과 항렬명을 성씨로 삼은 것을 의미한다.

⊚ 원백原伯 ⊚ 온백溫伯 ⊚ 소백召伯 ⊚ 신숙申叔 ⊚ 기상沂相 ⊚ 감사甘士

26. 이관영위씨以官名爲氏 | 관씨官氏를 성씨로 삼은 것을 의미한다.

⊚ 사의師宜 ⊚ 사연師延 ⊚ 사기師祁 ⊚ 윤오尹午 ⊚ 여상呂相 ⊚ 사조史晁
⊚ 시기侍其

27. 이읍시위씨以邑諡爲氏 | 성읍명과 시호를 성씨로 삼은 것을 의미한다.

⊚ 고성苦成 ⊚ 고성古成 ⊚ 고성庫成 ⊚ 장문臧文 ⊚ 정약丁若

28. 이시씨위씨以諡氏爲氏 | 시호와 성씨를 성씨로 삼은 것을 의미한다.

⊚ 리자釐子 ⊚ 공속共叔 ⊚ 혜숙惠叔 ⊚ 안숙顏成 ⊚ 사성士成 ⊚ 윤문尹文
⊚ 투문鬪文 ⊚ 무중武仲

29. 이작시위씨以爵諡爲氏 | 작위명과 시호를 성씨로 삼은 것을 의미한다.

성공成公 · 성왕成王

30. 대북복성代北複姓 | 작위명과 시호를 성씨로 삼은 것을 의미한다.

장계長係	만사万俟	우문宇文	모용慕容	막려慕輿	막리慕利
두려豆慮	독고獨孤	달해達奚	하란賀蘭	하약賀若	이주爾朱
적연赫連	하발賀拔	위지尉遲	굴돌屈突	곡률斛律	곡사斛斯
하루賀婁	이루伊婁	고적庫狄	약간若干	호연呼延	기왕析王
을불乙弗	살호薩孤	흘골紇骨	구돈丘敦	기연綦連	시연是連
가달可達	질리叱利	발야拔也	질간叱干	을간乙干	옥인屋引
하수賀遂	탁발拓拔	저거沮渠	독발禿髮	흘복乞伏	절루折婁
곡혼谷渾	소화素和	토만吐萬	거혼車焜	거비車非	흘간紇干
을전乙旃	가빈可頻	구니仇尼	하열賀悅	도하徒何	곡회谷會
대야大野	발약拔略	사리俟利	준현俟玄	준기俟畿	준력俟力
준노俟奴	하로賀魯	하갈賀葛	하뢰賀賴	하아賀兒	시루是婁
시분是賁	시운是云	시노是奴	질리叱利	질문叱門	질려叱呂
질리叱李	질려叱盧	유연宥連	비연費連	비라叱羅	질노叱奴
출연出連	비우費羽	출비黜弗	막려莫慮	막자莫者	막후莫侯
개루蓋婁	소루疋婁	열력悅力	칙력勅力	배리倍利	다란多蘭
하술賀術	토혜吐奚	월륵越勒	여면余綿	온호溫孤	해비解毗
첩운牒云	호낙護諾	철벌鐵伐	호액胡掖	목역木易	자설者舌
시수尸逐	하내何柰	선현先賢	유서唯徐	호독呼毒	거복渠復
식려植黎	기근奇斤	여여茹茹	토돌吐突	흘단紇單	실悉
여비麗飛	토문吐門	토난吐難	갈단渴單	아단阿單	갈후渴侯
통만統萬	통계統稽	실운悉雲	안지安遲	전지輾遲	오난烏蘭
부여副呂	구발枸拔	온분溫盆	여라如羅	구림丘林	여계如稽

- 철불鐵弗 · 박해薄奚 · 흘해紇奚 · 달해達奚 · 구인口引 · 스복須卜
- 오환烏丸 · 가지可地 · 답려沓盧 · 융권戎眷 · 거근去斤 · 토뢰菟賴
- 소려素黎 · 고문庫門 · 가답可沓 · 추문醜門 · 고한庫汗 · 파연婆衍
- 약구若久 · 숙근宿勤 · 지윤地倫 · 무도武都 · 보둔普屯 · 절굴折掘
- 구려咎盧 · 달보達步 · 기인斯引 · 질령叱靈 · 울주鬱朱 · 포조鮑俎
- 골야鶻也 · 거금渠金 · 군거軍車 · 질뢰叱雷 · 낙뢰駱雷 · 토속吐粟
- 도거都車 · 생이生耳 · 박야薄野 · 계해鶡奚 · 구려九盧 · 하자荷訾
- 이난李蘭 · 묵용默容 · 삼종三種 · 토화吐火 · 토화吐和 · 옥남屋南
- 골야鶻野 · 계필契苾 · 아질跌 · 복고僕固 · 고거高車 · 가서哥舒
- 집실執失 · 사리舍利 · 사질沙叱 · 사타似陁 · 소농蘇農 · 사화似和
- 질跌 · 대발大拔 · 철자啜剌

- 모용慕容: 선비족에서 유래되었다.

31. 관서복성關西複姓 | 관서지역의 오랑캐의 복성을 의미한다.

- 겸이鉗耳 · 막절莫折 · 여비荔菲 · 미저彌姐 · 부몽夫蒙 · 작화昨和
- 굴남屈南 · 한정罕井 · 노보魯步 · 동체同蹄 · 삼차彡且 · 부몽不蒙
- 질질叱咥

32. 제방복성諸方複姓 | 기타 복성을 의미한다.

- 부여夫餘 · 흑치黑齒 · 부유鳧臾 · 사선似先 · 조신朝臣 · 구운瞿曇
- 구마鳩摩 · 불도佛圖 · 가섭迦葉 · 선선鄯善 · 오씨烏氏 · 언기焉耆
- 차말且末 · 소무昭武 · 파사波斯

중국 성씨의 수

역대 이래 중국 성씨에 대한 기록을 살펴보면 우선 한대 사유史游의 『급취편急就篇』에 130개, 당대 임보林寶의 『원화성씨찬元和姓氏纂』에는 1232개, 송대 정초鄭樵의 『통지』「씨족략」에는 2255개, 명대 마단림馬端臨의 『문헌통고』에는 3736개, 근대 등헌경鄧獻鯨의 『중국성씨집中國姓氏集』에는 5652개, 현대 원의 달袁義達의 『중화성씨대전中華姓氏大全』에는 11969개를 싣고 있는데 여기에는 단성이 5327개, 복성이 4329개이다.

한국과 중국의 성씨 시스템을 비교하여 보면, 우리나라의 성씨는 최초의 씨가 성으로 되었다. 『삼국사기』「백제본기」에는 "부여로 씨를 삼았다."고 기록되어 있다. 이는 최초의 씨가 성으로 고정되고 분화됨을 의미한다. 이렇게 우리나라 성제는 최초의 씨가 성이 되었다는 점에서 씨성제로 불러야 마땅하다. 중국의 주나라 때 성은 처갓집을 지칭했던 것이며, 그 후 봉건영주나 또는 유공자들에게 성을 하사함에 따라 씨와 성이 점차 혼돈되다가, 천하가 통일된 진한시대를 거치면서 씨가 소멸되고 성으로 대치됐다는 것이 학계의 정설이다. 따라서 중국의 성제는 상나라 이래의 씨성제가 진시황 이후 해체되어 새로운 성을 씨로 삼는 가부장적인 성씨제로 전환되었다고 볼 수 있다.[1]

---

1) 작자미상, 임동석역주, 『백가성』(3권)(동서문화사, 2010), 참조.

排序	姓氏									
1-10	王	李	张	刘	陈	杨	黄	赵	吴	周
11-20	徐	孙	马	朱	胡	郭	何	高	林	罗
21-30	郑	梁	谢	宋	唐	许	韩	冯	邓	曹
31-40	彭	曾	萧	田	董	袁	潘	于	蒋	蔡
41-50	余	杜	叶	程	苏	魏	吕	丁	任	沈
51-60	姚	卢	姜	崔	鍾	谭	陆	汪	范	金
61-70	石	廖	贾	夏	韦	傅	方	白	邹	孟
71-80	熊	秦	邱	江	尹	薛	闫	段	雷	侯
81-90	龙	史	陶	黎	贺	顾	毛	郝	龚	邵
91-100	万	钱	严	覃	武	戴	莫	孔	向	汤

중국 인구성씨 순위(2007년 기준)

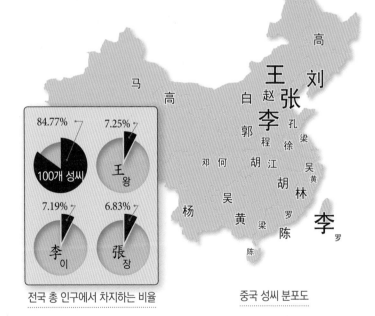

전국 총 인구에서 차지하는 비율

중국 성씨 분포도

에필로그

중국 성씨姓氏의 기원은 지금으로부터 오천여년 전의 태고시대이다. 당시는 모계 씨족 사회에 해당된다. 모계 씨족 사회는 혈통을 구분하기 위해 각각 특유의 표시와 호칭을 만들었으며, 이 표시와 호칭이 바로 최초의 성姓이다.

문헌기록에 의하면 중국에서는 약 5000년 전부터 성씨를 사용한 것으로 한 것으로 보인다. 중국의 성씨는 소위 삼황오제에서 그 기원을 찾아볼 수 있다.

삼황오제가 누군가에 대해서는 견해에 차이가 있지만 대표적인 인물로 황제, 복희, 신농, 요와 순을 드는 데는 이견이 없다. 삼황오제에서 복희와 신농이 삼황을 대표하는 인물로 주로 거론되는데 비해 요순은 삼황오제 가운데 오제를 대표하는 인물로 등장하곤 한다. 『사기』에는 오제를 대표하는 인물로 황제와 함께 요·순을 들고 있다.

복희의 성인 풍씨風氏는 중국 최초의 성씨였다. 태호복희씨가 풍산風山에서 살게 되어 성을 풍風으로 했다고 한다. 풍씨는 이후 15대만에 끊어졌다. 그러나 풍씨는 여러 성으로 분화하였는데, 즉 패佩·관觀·임任·기己·포庖·리理·사姒·팽彭 등의 8성이다. 풍씨의 후손 8성중에 사성姒姓이 대표적이다. 이 사성은 하나라 우왕의 성이다. 복희는 동이족의 수장이고, 신농, 치우와 더불어 배달의 위대한 영웅이기도 하다.

인류 최초의 성씨 풍성은 계속 이어지지 못하고 다른 성씨로 계승되었고, 현존하는 최고最古의 성씨는 신농의 강씨姜氏가 되었다. 신농이 강수에 살면서 성을 강씨로 삼았는데 이 강씨가 곧 인류 성씨의 기원이다. 강씨로 신농의 대표적인 후손으로 강태공을 들 수 있다. 강姜에서 분화한 성씨가 여呂, 허許, 사謝, 고高, 국國, 노盧, 최崔, 정丁, 문文, 신申 등 모두 102개나 된다. 신농의 후손으로 빠질 수 없는 인물이 치우이다. 치우는 신농의 계보에 속해지기도 하고, 복희의 후손으로 취급되기도 한다.

황제는 신농과 더불어 그 후손이 매우 번창하였다. 특히 요堯임금과 순舜임금을 비롯하여 제곡帝嚳, 소호少昊, 전욱顓頊 등 동이족의 수장들과 주周 왕이 모두 그의 후손이다. 황제의 자손 25명 중에서 14명이 성씨를 얻고 희姬, 유酉, 기祁, 기己, 등滕, 잠葳, 임任, 순荀, 희僖, 길姞, 현儇, 의依 등의 12개의 성씨로 나누어졌다. 기祁씨 중에 유명한 사람은 요堯임금이고, 희씨 중에 유명한 사람은 서주의 왕족 모두이다.

사마천의 『사기』에 의한 황제의 계보를 보면, 요임금은 황제 헌원의 첫째아들인 현효玄囂의 손자인 제곡帝嚳의 후손이고, 순임금은 황제헌원의 둘째아들인 창의昌意의 아들인 전욱제顓頊帝의 후손이고, 하나라 우임금도 황제헌원의 둘째아들인 창의昌意의 아들인 전욱제顓頊帝의 후손이고, 탕임금은 황제헌원의 첫째아들인 현효玄囂의 손자인 제곡의 둘째부인에서 이은 후손이고, 태왕大王인 고공단보古公亶父는 황제헌원의 첫째아들 현효의 손자인 제곡의 정실부인의 후손으로 즉 제곡의 후손으로 이어왔다. 그리고 진秦나라는 황제헌원의 둘째아들 창의昌意의 아들인 전욱제顓頊帝의 후손이다. 즉 순임금과 같이 진나라도 전욱제의 후손이다. 한고조漢高祖 유방劉邦은 요堯의 자손으로 즉 황제헌원의 첫째아들의 손자인 제곡帝嚳의 후손이다.

삼황오제로 거론되는 주요 인물들은 중국 한족보다도 동이족과 혈연관계를 갖고 있다. 따라서 삼황오제를 중심으로 중국 성씨의 기원을 거슬러 찾아보면 동북아의 성씨의 기원에 연결됨을 알 수 있다.

이런 각도에서 본다면 중국 성씨의 기원은 동이족으로부터 나왔고, 동양의 사상과 문화를 일군 핵심 인물은 거의가 동이에서 배출됐다는 이야기가 되고, 따라서 동양의 문화는 동이족이 주류가 되어 전파되었다.

삼황 오제를 기록한 고문헌

『周易』「繫辭下」

『書經』「禹貢」

『禮記』

左丘明,『春秋左氏傳』

左丘明,『國語』

『爾雅』「釋詁」

管仲,『管子』「輕重戊」

莊周,『莊子』「盜跖」

『尸子』「卷下」

『山海經』「海內經」,「北山經」

孔安國,「尙書序」

呂不韋,『呂氏春秋』「開春」

『春秋元命苞』

劉安,『淮南子』「主術訓」,「脩務訓」

賈誼,『新書』「益壤」,「制不定」

鄭玄,『禮記注』

吳平,『越絶書』

桓譚,『新論』「琴道」

『竹書紀年』「前編」

班固,『白虎通義』「號」

班固,『漢書』「藝文志」,「律曆志」

張揖, 『廣雅』

『劉子新論』

張華, 『博物志』

成玄英, 『莊子疏』

王符, 『潛夫論』

皇甫謐, 『帝王世紀』

『金樓子』「興王」

酈道元, 『水經注』

高誘, 『淮南子注』

高誘, 『呂氏春秋注』

杜預, 『春秋左氏傳注』

譙周, 『古史考』

『世本』「下篇」

『神農本草經』

李泰, 『括地志』

司馬貞, 『史記索隱』「補三皇本紀」

李吉甫, 『元和郡縣志』

『宋書』「符瑞志」

『荊州圖記』

令狐德棻, 『周書』「文帝上」

『新唐書』「宰相世系」

『逸周書』

王嘉, 『拾遺記』「炎帝神農」

陸景, 『典略』

『禮含文嘉』

羅泌, 『路史』

『雲笈七籤』「軒轅本記」

『鄆縣志』

劉恕, 『資治通感外紀』

鄭樵, 『通志』

曾先之, 『十八史略』

『桓檀古記』「太白逸史」

司馬遷, 『사기』

戴德, 『대대례기大戴禮記』「오제덕五帝德」과 『사기史記』「오
제본기五帝本紀」

顏之推, 『顏氏家訓』「서증書證」

『태백음경太白陰經』

葛洪갈홍, 『포박자抱樸子』「대속편對俗篇」

굴원屈原, 『초사』「천문天問」

王嘉, 『습유기拾遺記』「춘황포희春皇庖犧」

『전국책戰國策』「조책趙策2」

『운급칠첨雲笈七籤』「헌원본기軒轅本記」

孟子, 『맹자』「만장상萬章上」

徐道, 程毓奇, 『歷代神仙通鑑』

『氏族搏攷』

『故今姓氏書辨證』

참고문헌

▸ 김대성 엮음, 『금문의 비밀』, 북21 컬처라인, 2002.

▸ 김선자, 「홍산문화의 황제 영역설에 대한 비판」『동북아 곰 신화와 중화주의 신화론 비판』, 동북아역사재단, 2009.

▸ 김선자, 『만들어진 민족주의 황제신화』, 책세상, 2007.

▸ 김선자, 『중국신화이야기』, 아카넷, 2004.

▸ 김성호, 『씨성으로 본 한일민족의 기원』, 푸른숲, 2000년.

▸ 김학천, 『성의 기원』, 청문각, 2000년.

▸ 빈미정, 「黃帝神話傳設에 대한 文獻的 考察」, 『중국문학』 제44집 (한국중국어문학회, 2005. 8), pp.1-20.

▸ 사라 알란(저), 오만종(역), 『거북의 비밀, 중국인의 우주와 신화』, 예문서원, 2002.

▸ 서해숙, 한국 성씨의 기원과 신화, 민속원, 2005.

▸ 안경전, 『환단고기』 역주본, 상생출판, 2002.

▸ 오정윤, 「치우에 관한 한·중 기록의 분석」『치우연구』 창간호, 치우학회, 2001.

▸ 윤창열·김용진, 『중국 역사유적 의학유적 탐방기』, 주민출판사, 2010.

▸ 王大有(저), 林東錫(역), 『龍鳳文化源流 - 신화와 전설, 예술과 토템』, 동문선, 1994.

▸ 위앤커(저), 전인초·김선자(역), 『중국신화전설』, 민음사, 1999.

▸ 이덕일, 『우리 역사의 수수께끼』 3권, 김영사, 2004.

▸ 이성구, 『中國古代의 呪術的 思惟와 帝王統治』, 서울: 일조각, 1997.

▸ 이영미, 「중국 성씨 취득형태와 특징 연구」, 석사학위논문, 2004.

▸ 이재석·김선주, 「요순선양설에 대한 비판적 고찰」, 『증산도사상』 제5집, 대원출판, 2001.

▸ 정재서, 『정재서교수의 이야기동양신화』, 황금부엉이, 2004.

▸ 진명원·왕종호, 『중국 성씨대전』, 북경출판사, 1987.

▸ 하신, 『신의 기원』, 동문선, 1990.

▸ 賀榮一(저), 박삼수(역), 『맹자의 왕도주의』, 울산대학교 출판부, 1997.

▸ 작자미상, 임동석역주, 『백가성』(3권), 동서문화사, 2010.

▸ 張碧波·張軍, 『中華文明探源』, 上海人民出版社, 2007.

▸ 郭大順, 『龍出辽河源』, 天津: 百花文藝出版社, 2001.

▸ 田秉鍔, 『龍圖騰-中華龍文化的源流』, 北京: 社會科學文獻出版社, 2008.

▸ 葉林生, 『古帝傳說與華夏文明』, 合爾濱:黑龍江教育出版社, 1999.

▸ 葉舒憲, 『熊圖騰-中國祖先神話探源』, 上海: 上海錦綉文章出版社, 2007.

▸ 田繼周, 『先秦民族史』, 四川民族出版社, 1996.

▸ 徐亮之, 『中國史前史話』, 華正書局, 1976.

▸ 趙絶霞, 『中國早期姓氏制度研究』, 天進古籍出版社, 2008.

▸ 張淑一, 『先秦姓氏制度考索』, 福建人民出版社, 2007.

▸ 楊復竣, 『中華民族始祖太昊伏羲』, 中州古籍出版社, 1994.

▸ 乔山(편저), 『黃帝子孫姓氏歌』, 1998.

▸ 霍彦儒·郭天祥, 『炎帝傳』, 陝西旅游出版社, 1999.

▸ 徐旭生, 『中國古史的傳說時代』, 科學出版社, 1960.

▸ 陝西省淸明公祭軒轅黃帝陵典禮籌備工作委員會辦公室, 『軒轅黃帝傳』, 陝西人民出版社, 2002.

▸ 『姜氏淵源考』, 姜太公祠編印.

▸ 小野澤精一, 「堯舜禪讓說話の思想史的考察」, 『中國古代說話の思想史的硏究』, 東京: 汲古書院, 1982.

▸ 宮城谷昌光(저), 양경미(역), 『태공망』, 까치, 1999.

▸ 楚戈, 「商周時代的象徵藝術」, 『고궁문물』제1권 9기, 1983.12.

▸ 中國社院, 「考古硏究所史前考古二十年」, 『考古』, 1997.8.

▸ 中國社會學院科考古硏究所二里頭工作隊, 「河南偃師二里頭二號宮殿遺址」, 『考古』, 1983.3.

▸ 中國社會科學院考古硏究所河南第2工作隊, 「偃師商城獲重大考古新成果」, 『中國文物報』, 1996.12.

중국 소수민족 인구분포도

	민족명	인구 수	인구 비율(%)	분포지역(성省, 시市)
1	한족漢族	1,200,000,000	92	중국 전역, 황하·양자강·주강 유역과 송요평원에 집중
2	장족壯族	16,178,811	1.24	광서, 운남, 광동
3	만주족滿族	10,682,262	0.82	요령, 하북, 흑룡강, 길림, 내몽골, 북경
4	회족回族	9,816,805	0.75	영하, 감숙, 하남, 신강, 청해, 운남, 하북, 산동, 안휘, 요령, 북경, 내몽골, 천진, 흑룡강, 섬서, 귀주, 길림, 강소, 사천
5	묘족苗族	8,940,116	0.68	귀주, 호남, 운남, 광서, 중경, 호북, 사천
6	위구르족維吾爾族	8,399,393	0.64	신강
7	토가족土家族	8,028,133	0.61	호남, 호북, 중경, 귀주
8	이족彝族	7,762,272	0.59	운남, 사천, 귀주
9	몽골족蒙古族	5,813,947	0.44	내몽골, 요령, 길림, 하북, 흑룡강, 신강
10	티베트족藏族	5,416,021	0.41	티베트(서장), 사천, 청해, 감숙, 운남
11	부이족布依族	2,971,460	0.22	귀주
12	동족侗族	2,960,293	0.22	귀주, 호남, 광서
13	요족瑤族	2,637,421	0.20	광서, 호남, 운남, 광동

	민족명	인구 수	인구 비율(%)	분포지역(성省, 시市)
14	조선족朝鮮族	1,923,842	0.14	길림, 흑룡강, 요령
15	백족白族	1,858,063	0.14	운남, 귀주, 호남
16	하니족哈尼族	1,439,673	0.11	운남
17	카자흐족哈薩克族	1,250,458	0.095	신강
18	여족黎族	1,247,814	0.095	해남
19	태족傣族	1,158,989	0.088	운남
20	사족畲族	709,592	0.054	복건, 절강, 강서, 광동
21	율속족傈僳族	634,912	0.048	운남, 사천
22	흘료족仡佬族	579,357	0.044	귀주
23	동향족東鄉族	513,805	0.039	감숙, 신강
24	라후족拉祜族	453,705	0.034	운남
25	수족水族	406,902	0.031	귀주, 광서
26	와족佤族	396,610	0.03	운남
27	나시족納西族	308,839	0.023	운남
28	강족羌族	306,072	0.023	사천
29	토족土族	241,198	0.018	청해, 감숙
30	무로족仫佬族	207,352	0.015	광서
31	석백족錫伯族	188,824	0.014	요령, 신강
32	키르키스족柯爾克孜族	160,823	0.012	신강
33	달알이족達斡爾族	132,394	0.01	내몽골, 흑룡강
34	경파족景頗族	132,143	0.01	운남
35	모남족毛南族	107,166	0.008	광서

	민족명	인구 수	인구 비율(%)	분포지역(성省, 시市)
36	살랍족撒拉族	104,503	0.008	청해
37	포랑족布朗族	91,882	0.007	운남
38	타지크족塔吉克族	41,028	0.0031	신강
39	아창족阿昌族	33,936	0.0026	운남
40	보미족普米族	33,600	0.0026	운남
41	악온극족顎溫克族	30,505	0.0023	내몽골
42	노족怒族	28,759	0.0022	운남
43	경족京族	22,517	0.0017	광서
44	기낙족基諾族	20,899	0.0016	운남
45	덕앙족德昂族	17,935	0.0014	운남
46	보안족保安族	16,505	0.0013	감숙
47	아라사족俄羅斯族	15,609	0.0012	신강, 흑룡강
48	유고족裕固族	13,719	0.0011	감숙
49	우즈베크족烏孜別克族	12,370	0.0009	신강
50	문파족門巴族	8,923	0.0007	티베트
51	악륜춘족鄂倫春族	8,196	0.0006	흑룡강, 내몽골
52	독룡족獨龍族	7,426	0.0006	운남
53	타타르족塔塔爾族	4,890	0.0004	신강
54	혁철족赫哲族	4,640	0.0004	흑룡강
55	고산족高山族	4,461	0.0003	대만, 복건
56	낙파족珞巴族	2,965	0.0002	티베트

신농의 후손 - 강씨에서 파생된 성씨

1. 강성姜姓

신농씨가 섬서陝西 기산의 서쪽 강수 물가에서 태어나 그 때문에 강씨라 하였다. 제요시대의 사악四岳과 공공共工은 모두가 염제의 후예들이다. 염제의 후손인 백익이 대우의 치수를 도와 공을 세워, 여呂 땅에 봉해지면서 동시에 강씨성을 하사받아 염제의 제사를 모시게 되었다. 서주 때에 염제로부터 시작된 강씨성의 후예들은 제齊, 여呂, 허許, 신申, 기紀 등의 십여 나라가 있었으며, 그 중 제나라가 가장 강성하였다. 전국 중기, 강씨의 제나라가 전씨에게 넘어가자, 그 자손들이 사방으로 흩어지면서 일부 사람들은 나라 이름을 취하여 제씨라 하기도 하였고, 일부는 강씨로 칭하였다.[2] 강성姜姓의 나라는 선진문헌중에 제齊, 허許, 신申, 여呂, 향向, 기紀 등이 있다.[3]

2. 여성呂姓

강성姜姓에서 기원하였다.

『세본世本』에 의하면 강성의 후예가 제齊, 허許, 신申, 여呂, 향向, 기紀 등이 되었다.

---

2) 작자미상, 임동석역주, 『백가성』(3권)(동서문화사, 2010), 160쪽.
3) 張淑一, 『先秦姓氏制度考索』(福建人民出版社, 2008), 44쪽.

염제 신농씨의 후예 백익伯益이 우禹의 치수 사업에 공을 세워 여呂에 봉을 받아 여후呂后라 하였으며 여성呂姓을 하사받았다. 그 후손이 나라 이름을 성씨로 삼은 것이다. 서주 초 여후가 입조하여 주나라 사구司寇가 되었으며 주 선조 때 여국呂國의 이름을 보국甫國으로 바꾸고 여씨의 한 지파를 대신 하남 신채新蔡에 봉하여 동채東蔡라 불렀다. 춘추 초 동려東呂가 송나라에게 망하였고, 춘추 중기에는 보국甫國도 초문왕에게 망하고 말았다. 이 두나라 자손이 나라가 망한 뒤 나라 이름을 성씨로 삼았던 것이다.

3. 허성許姓

강성姜姓에서 기원하였다.

국명이 성씨가 되었다.『원화성찬元和姓纂』에 의하면 허씨許氏와 제씨齊氏는 동족으로, 상고시대 사악四岳 백이伯夷의 후예이다.

주 무왕이 은을 멸한 다음 염제의 후손 강문숙姜文叔이 허許에 봉해져서 허후許侯라 불렸다. 그러나 이 나라가 정鄭, 초楚 사이에 고통을 당하여 지금의 하남河南 노산魯山 남쪽으로 이주하였다. 이 허許나라는 결국 초나라에 망하자 그 족인이 나라 이름을 성으로 삼은 것이다.

4. 사성謝姓

강성姜姓에서 기원하였다. 서주 선왕宣王이 사謝나라를 멸망시키고 나서, 그 곳에 외삼촌이며 염제의 후손인 신백申伯을 봉하여 사성謝城을 신申나라 도성으로 하였다. 기원전 688년 초문왕이 신申나라를 멸망시키고 사읍謝邑을 병탄하자, 신백申伯의 후예들이 자신들이 거주했던 고을 이름을 성으로 삼은 것이니 이들이 바로 강씨에서 근원을 둔 사씨이다. 이들 강성의 사씨는 현대 사씨 중 가장 주된 성분이다.

5. 기성紀姓

강성姜姓에서 기원하였다.

『원화성찬元和姓纂』에 의하면 상나라가 멸망하고 강씨의 후손이 기국紀國에 봉해져서, 후에 성씨가 되었다.

6. 구성邱(丘)姓

강성姜姓에서 기원하였다.

『광운廣韻』이 인용한 『풍속風俗』에서 말하기를, 강태공이 영구營丘에 봉해졌고, 지손支孫이 땅으로 성을 삼았다.

7. 제성齊姓

강성姜姓에서 기원하였다.

『원화성찬元和姓纂』에 "제씨는 염제의 후예이다."라고 기록되었다.

강태공이 영구營丘에 봉해졌고, 제국을 세웠다. 강성의 귀족 자손중에 일부가 제齊로 성을 삼았다.

8. 강성强姓

강성姜姓에서 기원하였다.

『좌전』과 『노사路史』의 기재에 의하면, 춘추시대 제국의 공족 가운데 공숙강公叔强이 있는데, 그 후예 중 조부의 자인 강强으로 성을 삼았다.

9. 상성尙姓

10. 봉성封姓

강성姜姓에서 기원하였다.

11. 좌성左姓

강성姜姓에서 기원하였다.

『원화성찬元和姓纂』에 의하면 주대 제국齊國 공족公族중에 좌공자, 우공자가 있었는데, 그 후손이 좌씨가 되었다.

12. 박성薄姓

강성姜姓에서 기원하였다.

『잠부론』에 의하면, 상고시대에 박국薄國이 지금의 산동성 조현曹縣 동남에 있었는데, 후대에 박씨薄氏라 불렀다.

13. 뢰성賴姓

강성姜姓에서 기원하였다.

『풍속통風俗通』에 의하면 서주 초에 분봉된 제후로, 강성의 나라 뢰국賴國이 있었는데, 후에 멸망하고 자손들이 그 나라 명으로 성을 삼았다.

14. 봉성逢姓

강성姜姓에서 기원하였다.

『성씨고략姓氏考略』에 의하면, 상대 제후 봉백릉逢伯陵의 후예이다.

15. 신성申姓

강성姜姓에서 기원하였다.

『사기』「삼황본기」 및 『원화성찬元和姓纂』에 의하면, 태악려太岳呂가 신申에 봉해졌고, 그를 신백려申伯呂라고 부른다. 주선왕의 모구母舅이다. 그 후손이 신씨申氏가 되었다.

16. 향성向姓

『사기』「삼황본기」에 이르기를 "염제신농씨의 후손중에 향성向氏가 있는데, 모두 강성의 후예이다."

17. 문성文姓

강성姜姓에서 기원하였다.

주무왕이 사악의 먼 후대 자손 문숙文叔을 허국許國에 봉하였다. 허문숙許文叔의 후손은 '문文' 이름을 성씨로 삼았다.

18. 곽성駱姓

강성姜姓에서 기원하였다.

강태공의 후손중에 공자락公子駱이 있는데, 그 자손들이 그 이름을 성씨로 삼았다.

19. 충성充姓

강성姜姓에서 기원하였다.

인명으로 성씨를 삼았다. 춘추시대, 제국의 공족 가운데 대부 충려充閭가 있는데, 그 후손들이 충씨充氏가 되었다.

20. 연성連姓

강성姜姓에서 기원하였다.

『춘추좌전』에 제대부齊大夫 연칭連稱이 나오는데, 그 후손들이 연씨連氏가 되었다.

21. 국성國姓

강성姜姓에서 기원하였다.

춘추시대 제나라 상경上卿으로 국귀보國歸父가 있었는데, 그 후손이 국國 자를 성으로 삼았다.

22. 요성饒姓

강성姜姓에서 기원하였다.

23. 개성盖姓

강성姜姓에서 기원하였다.

읍명(채읍명)을 성씨로 삼았다. 기내의 영토를 부여받은 것을 채읍이라고 한다. 춘추시기, 제국齊國의 공족 대부가 개읍盖邑에 봉해졌다. 그 후손들이 개盖를 성씨로 삼았다.

24. 정성丁姓

강성姜姓에서 기원하였다.

25. 감성闞姓

강성姜姓에서 기원하였다.

감읍명闞邑名(채읍명)을 성씨로 삼았다. 『성씨고략姓氏考略』에 의하면, 제국에 대부 지止가 있었는데, 감읍闞邑에 봉해져서, 감지闞止라고 칭했다. 그 후손이 읍명 감闞을 성씨로 삼았다.

26. 역성易姓

강성姜姓에서 기원하였다.

27. 최성崔姓

강성姜姓에서 기원하였다.

28. 고성高姓

강성姜姓에서 기원하였다.

고읍명高邑名(채읍명)을 성씨로 삼았다.

29. 장성章姓

강성姜姓에서 기원하였다.

30. 하성賀姓

경씨慶氏를 바꾸어 같은 뜻의 '하賀'자로 바꾸었다. 경씨는 강성에서 기원하였다.

31. 가성柯姓

강성姜姓에서 기원하였다.

『노사路史』에 의하면, 주대 제국 강태공의 후손중에 가씨柯氏가 있었다.

32. 노성盧姓

강성姜姓에서 기원하였다.

춘추 초 제문왕齊文公의 증손 혜傒가 제나라 정경正卿이 되어 노읍盧邑을 봉지로 받았다. 그 자손이 읍 이름을 성씨로 삼은 것이다. 그런데 강씨제姜氏齊가 전씨제田氏齊로 바뀌자, 노성을 가진 자들이 북쪽으로 흩어졌다가 진나라 때 박사 노오盧敖가 탁군涿郡에 정착하여 탁군노씨가 되었다. 그리고 삼국시대 탁군이 범양范陽으로 지명이 바뀌어 범양노씨라 불렸다.

33. 정성井姓

강성姜姓에서 기원하였다.

『성원姓源』에 의하면 강태공의 후손중 지위가 대부로, 정읍井邑에 채읍이 있었다. 그 자손들이 읍명으로 성씨를 삼았다.

34. 부성富姓

강성姜姓에서 기원하였다.

35. 낙성欒姓

강성姜姓에서 기원하였다.

36. 두성斜姓

강성姜姓에서 기원하였다.

전국시대 제강공齊康公의 후손이다. 두斜는 청동 주기酒器의 이름이다. 그릇으로 성씨를 삼은 예이다.

37. 려성厲姓

강성姜姓에서 기원하였다.

38. 환성桓姓

『통지』「씨족략」에 의하면, 제환공齊桓公의 시호인 환桓을 후손들이 성씨로 삼은 것이다.

39. 경성景姓

강성姜姓에서 기원하였다.

『통지』「씨족략」에 의하면, 제경공齊景公의 시호인 경景을 후손들이 성씨로 삼은 것이다.

40. 시성柴姓

강성姜姓에서 기원하였다.

인명을 성씨로 삼았다. 『통지』「씨족략」에 의하면, 공자의 제자중에 고시高柴가 있었다. 그의 손자가 고시의 이름 시柴를 성씨로 삼았다.

41. 섭성聶姓

강성姜姓에서 기원하였다.

42. 사성查姓

강성姜姓에서 기원하였다. 읍명을 성씨로 삼았다.

43. 경성慶姓

『원화성찬元和姓纂』에 의하면 경씨는 환공의 아들, 경극慶克의 자를 성씨로 삼은 것이다.

44. 초성焦姓

『백가성고략百家姓考略』에 의하면 주무왕이 신농의 후손을 초국焦國에 봉했다. 자손들이 국명을 성씨로 삼았다.

45. 양구성梁丘姓

양구는 제나라의 채읍으로, 읍명론名(채읍명)을 성씨로 삼은 것이다.

춘추시기 제나라 대부 거거가 양구梁丘에 봉해져서 양구거梁丘据라 불리웠다. 그 후 읍명인 양구梁丘를 성씨로 삼았다.

46. 망성望姓

『고금서씨서변증古今姓氏書辨證』에 『풍속통風俗通』을 인용하여 말하기를, "제 태공망의 후손이다.(齊太公望之後)"

47. 융성戎姓

주대에 융국이 있었는데, 강성이다. 제국의 부용附庸으로, 융이戎夷라고 불렀다. 그 후손이 융씨가 되었다.

48. 력성酈姓

『백가성고략百家姓考略』에 의하면, 강성姜姓에서 기원하였고, 국가명으로 성씨를 삼았다.

49. 창성暢姓

『고금서씨서변증古今姓氏書辨證』에 『풍속통風俗通』을 인용하여 말하기를, 강성姜姓에서 기원하였다. 제후齊侯중에 창혜명暢惠明이 있다.

50. 곡성谷姓

협곡씨夾谷氏에서 나왔다.

51. 포성浦姓

강성姜姓에서 기원하였다.

52. 이성移姓

『풍속통』에 이르기를, "제공자 옹雍은, 이移에 채읍이 있었고, 그 후손이 이를 성씨로 삼았다."

53. 마성麻姓

『원화성찬元和姓纂』에 의하면 , 마씨는 제대부齊大夫 마영麻嬰의 후손이다.

54. 효성孝姓

『원화성찬元和姓纂』에 의하면, "효씨는 제효공의 지손支孫이다

55. 의성懿姓

『통지』「씨족략」에서 『풍속통風俗通』을 인용하여 말하기를, 의씨懿氏는 본래 제의공齊懿公의 후예이다.

56. 영성閎姓

『광운廣韵』에서 『풍속통風俗通』을 인용하여 말하기를, 영씨閎氏는 제영공齊閎公의 후손이다.

57. 안성晏姓

강성에서 나왔다.

58. 평성平姓

『광운廣韵』에 이르기를, "평씨는 제상 안평중晏平仲의 후손이다."

59. 단성檀姓

『통지』「씨족략」에서 『풍속통風俗通』을 인용하여 말하기를, "단씨檀氏는 제공족齊公族이 단구단성瑕丘檀城에 식읍이 있어 이로써 성씨를 삼았다.

60. 야상闔姓

『고금성씨서변증古今姓氏書辨証』에 이르길, "제대부 여립영闔立嬰의 후손이다."

61. 즉성卽姓

62. 습성隰姓

강성姜姓에서 기원하였다.

63. 당성棠姓

강성姜姓에서 기원하였다

제환공의 후손중에 당棠에 식읍이 있어, 그 후손이 당棠을 성씨로 삼았다.

64. 죽성竹姓

강성姜姓에서 기원하였다 염제의 후예이다.

65. 순우성淳于姓

강성姜姓에서 기원하였다

66. 동곽성東郭姓

강성姜姓에서 기원하였다.

동곽은 지명으로 성씨를 삼은 것이다.

67. 태공성太公姓

태공씨는 강태공의 호를 성씨로 삼았다.

68. 장구성將具姓

『통지』「씨족략」에 의하면, 장구씨將具氏는 제태공齊太公의 자,
장구將具의 후손이다.

69. 정약성丁若姓

『풍속통風俗通』에 이르기를, "제정공자齊丁公子 의백懿伯은 약若
에 채읍을 두어 이로써 성씨를 삼았다."

70. 낙리성樂利姓

71. 신도성申屠姓

강성 계열이다.

72. 고당성高堂姓

고당高堂에 채읍을 두어 이로써 성씨를 삼았다.

73. 동궁성東宮姓

74. 사강성士强姓

『잠부론潛夫論』에 사강씨士强氏가 있는데, 제공족齊公族이다.

75. 중손성仲孫姓

76. 제계성齊季姓

77. 자양성子襄姓

78. 자아성子雅姓

79. 공기성公旗姓

80. 자미성子尾姓

81. 자건성子乾姓

82. 자공성子工姓

83. 자하성子夏姓

84. 옹문성雍門姓

85. 려구성閭邱姓

86. 노도성盧蒲姓

87. 노문성盧門姓

88. 한공성翰公姓

89. 공우성公牛姓

90. 공견성公牽姓

91. 구계성臼季姓

92. 좌구성左丘姓

『통지』「씨족략」에 의하면, 논어에서 좌구명이 좌구에 거하여, 그 지역으로 성씨를 삼았다고 한다.

93. 려공성閭公姓

94. 공기성公紀姓

95. 여구성余丘姓

96. 거문성車門姓

97. 우구성虞丘姓

98. 남곽성南郭姓

『고금서씨서변증古今姓氏書辨證』에 이르기를, 제대부가 남곽에 거주하여, 이로써 성씨가 되었다.

99. 북곽성北郭姓

『고금서씨서변증古今姓氏書辨證』에 이르기를, 북곽北郭은 북문의 성에서 나와 북곽北郭이라 부른다.

100. 어릉성於陵姓

강성으로, 제경공의 후손이다. 어릉於陵에 봉해졌고, 그 후손이 지역으로 성씨를 삼았다.

101. 장구성章仇姓

102. 삼묘성三苗姓

강성에서 나왔으며, 염제의 후예이다. 하대에 제후국으로, 그 족으로 성씨를 삼았다.

한국의 강씨

진주강씨晋州姜氏

시조는 강이식姜以式이다.

생몰년은 알 수 없다. 고구려의 명장名將으로, 597년(영양왕 8) 수나라 문제文帝가 침략의 야욕을 품고 무례한 국서國書를 보내오자, 이듬해 병마원수兵馬元帥로서 정병 5만을 인솔하고 참전하였다. 이듬해에는 대병력을 이끌고 요서遼西에서 수나라 요서총관 위충韋沖과 교전한 뒤, 임유관臨渝關으로 거짓 후퇴하였다가 다시 수군을 이끌고 바다로 나가 수나라 수군총관 주나후의 군대를 대파大破하고 개선하였다.

진주시 상봉서동上鳳西洞 봉산사鳳山祠에서는 매년 음력 3월 10일에 그를 제향한다. 본관인 진주는 그의 후손인 진縉이 통일신라 때 진양후晋陽侯에 봉해진 데서 유래한다.

문헌상의 본관은 진주, 금천, 안동, 백천 등 9본이 있으나 모두가 대종인 진주강씨의 지파로서 현재 진주 단일본으로 내세우고 있다. 따라서 진주강씨의 시조 강이식은 모든 강씨의 도시조가 된다.

대표적 파는 박사공 삼형제파, 은열공파, 인헌공파인데, 각파는 도시조 강이식으로부터 각 중시조까지의 계보가 확실하지 않아 족보를 같이 만들지 못하고 있다. 이 중 박사공 삼형제파는 다시 박사공파, 소감공파, 시중공파로 구분되고, 최근에는 족보도 같이 만들고 있다. 3형제파가 진주강씨의 3대산맥으로 그 후손이 번성하여 1백만명을 헤아린다.